이명옥과 정갑영의
명화 경제 토크

SIGONGART

명화 경제 토크

2007년 10월 10일 | 초판 1쇄 발행
2012년 1월 16일 | 초판 4쇄 발행

지은이 | 이명옥, 정갑영
발행인 | 전재국

발행처 | (주) 시공사 · 시공아트
출판등록 | 1989년 5월 10일(제3-248호)

주소 | 서울특별시 서초구 서초동 1628-1 (우편번호 137-879)
전화 | 편집(02)2046-2844 · 영업(02)2046-2800
팩스 | 편집(02)585-1755 · 영업(02)588-0835
홈페이지 | www.sigongsa.com

이 서적 내에 사용한 일부 작품은 SACK을 통해 ARS, Succession Picasso와 저작권 계약을 맺은 것입니다.
저작권법에 의해 한국 내에서 보호를 받는 저작물이므로 무단 전재 및 복제를 금합니다.

이 서적 내에 사용한 박수근 작품은 갤러리 현대를 통해 저작권 계약을 맺은 것입니다.
저작권법에 의해 한국 내에서 보호를 받는 저작물이므로 무단 전재 및 복제를 금합니다.

저작권 허가를 받지 못한 일부 작품들은 저작권자가 확인되는 대로 계약 절차를 맺고 그에 따른 저작권료를 지불하겠습니다.

ISBN 978-89-527-5004-4 03300

본서의 내용을 무단 복제하는 것은 저작권법에 의해 금지되어 있습니다.
파본이나 잘못된 책은 구입하신 서점에서 교환해 드립니다.

이명옥과 **정갑영**의
명화 경제 토크 talk

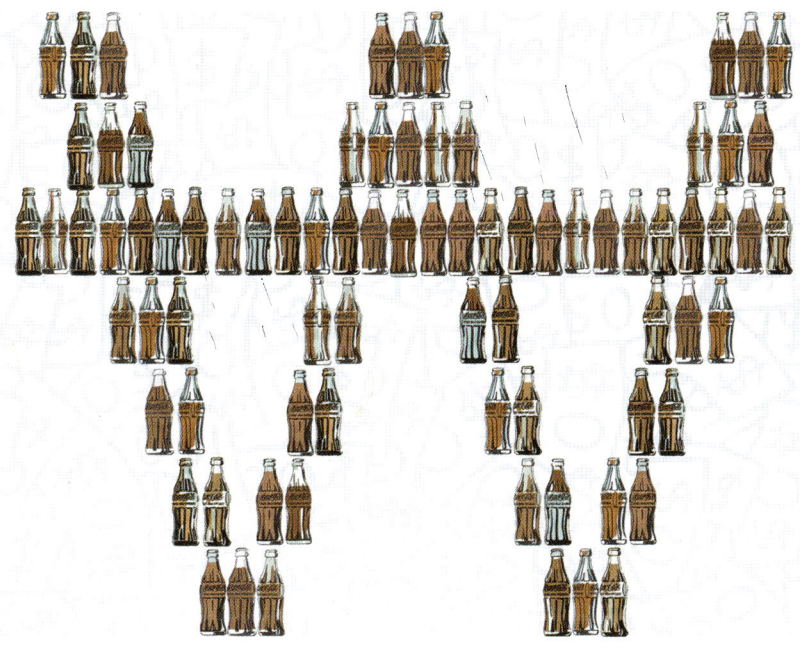

SIGONGART

Contents

여는글 6

1. 황금보다 값비싼 파란색 8

2. 미술품 가격과 수요 탄력성 26

3. 패션 모자에 숨은 시장 원리 42

4. 교역의 시대를 증언한 초상화 58

5. 미술품 투자의 달인 '곰의 가죽' 74

6. 사유 재산에 대한 애착을 반영한 초상화 88

7. 부동산 투기 열풍이 투영된 풍경화 102

- 8   열차 그림을 통해 빈부 격차를 고발한 도미에 ········· 118
- 9   정략 결혼의 경제학 ········· 134
- 10   허영과 사치를 부추긴 왕실 초상화 ········· 150
- 11   튤립 정물화는 투기 파동의 산물 ········· 166
- 12   거리 마케팅의 원조, 포스터 ········· 182
- 13   미술 교역의 산물, 고흐의 초상화 ········· 200
- 14   돈과 행복의 이중주 ········· 218

작품 목록 ········· 236
맺는 글 ········· 238

여는 글

독자에게 감히 고백하건대 책을 구상하기 전까지 제게 '경제'라는 단어는 이 방인의 언어였어요. 신문의 경제면은 건성으로 읽었고, 재테크나 부자 되기를 부추기는 책들은 영혼을 오염시키는 불순물인 양 여겼습니다. 왜냐하면 저는 돈으로 예술혼을 살 수 없다는 지극히 낭만적인 예술관의 신봉자였거든요. 실제로 예술계는 경제에 둔감해도 흉보기는커녕 오히려 자랑스럽게 여깁니다. 그런 제가 삶과 경제를 편 갈랐던 것은 너무도 당연한 일이겠지요.

그런데 어느 날 벼락처럼 경제를 알아야겠다는 자각이 생겼어요. 결정적인 계기는 제가 운영하는 미술관의 재정 상태가 심각한 지경에 이르렀기 때문입니다. 독자의 이해를 돕기 위해 미술관의 속사정을 잠깐 말씀드리자면 사비나 미술관은 공익 기관이지만 사립이라는 이유만으로 국가나 지자체가 운영하는 국공립 미술관과 달리 예산을 지원받지 못해요. 비영리인 만큼 돈벌이에 나설 수도 없어요. 수입이라고는 달랑 입장료뿐인 달이 많습니다. 적자폭이 늘어나면서 과연 경제맹인 제가 미술관을 계속해서 운영할 수 있을지 자괴심이 생겼어요. 아니, 비영리이기 때문에 더욱 경제에 밝아야겠다고 생각했습니다.

내친 김에 명화에 담겨진 경제적 요소들을 추적하고 싶은 욕구가 생겼어요. 『명화 속 신기한 수학 이야기』 『명화 속 유익한 과학 이야기』를 출간하면서 미술과 타 전문 분야를 절묘하게 통합한 노하우가 있기에 내심 자신감도 있었어요. 명화와 경제의 상관 관계를 추적할수록 신바람이 났습니다. 미술과 경제가 한 뿌리에서 뻗어나간 다른 가지라는 사실을 거듭 확인했거든요. 하긴 미술은 시대의 산물이며, 시대에는 경제가 녹아 있으니 둘은 한몸일 수밖에요. 하지만 독학으로 경제를 터득하는 일은 힘에 부치기에, 경제전문가인 정갑영 교수님께 특강을 요청했어요. 교수님도 미술과 경제의 짝짓기에 발벗고 나섰습니다. 교수님의 중매 덕분에 명화와 경제는 부부의 인연을 맺게 되었어요. 지면을 빌어 책의 공동저자인 정갑영 교수님께 거듭 감사드립니다. 아울러 도판을 제공해주신 김동유 작가, 이제는 단골 편집자가 된 전우석님, 시공사 관계자들에게도 감사드려요.

끝으로 제 간절한 소망을 말씀드리자면, 많은 독자들이 미술과 경제의 결혼식 하객으로 참석해주길 진심으로 바란다는 것. 그 축복을 받는 순간 미술과 경제가 한몸이라는 사실을 더욱 절감하게 될 테니까요.

2007년 10월, 이명옥

1

황금보다 값비싼
파란색

1395~1399 〈영국 왕 리처드 2세를 위해 그린 2폭 패널화〉

정갑영 교수님, 안녕하세요.

최근 데미안 허스트라는 영국 작가는 무려 918억에 달하는 작품을 선보여서 세계적인 화제가 된 적이 있어요.

〈신의 사랑을 위하여〉라는 제목에, 해골이 이빨을 드러낸 채 웃는 엽기적인 작품인데요. 작품값이 그토록 비싼 것에는 그럴만한 이유가 있더군요. 당대 최고의 인기 작가라는 명성에, 상상을 초월한 재료비가 들었어요. 두개골 틀은 백금이며 해골 표면에는 8,601개의 다이아몬드를 박았습니다. 작가는 죽음의 상징인 해골을 사치와 욕망의 상징인 다이아몬드로 장식한 의도를 이렇게 설명했어요. '죽음이여, 저 멀리 꺼져라' 라는 뜻이라고. 아무튼 작품의 메시지도 파격적이지만 엄청난 재료비로 인해 세계적인 뉴스가 되었습니다. 〈신의 사랑을 위하여〉는 현대 미술품 중 가장 재료비가 많이 든 작품으로 기네스북에 오를 것이 확실한데요, 과거에도 미술 재료비가 보석만큼 비싼 시절이 있었습니다. 바로 중세와 르네상스 시대 이탈리아에서 제작된 성화인데요. 성모 마리아 옷에 칠한 울트라마린 물감은 황금보다 더 비쌌습니다.

울트라마린이란 하늘처럼 높고 바다처럼 깊은 신비한 아름다움을 지닌 파란색을 가리킵니다. 울트라마린이라는 이름도 '바다 저편'을 의미해요. 실제로 울트라마린은 바다 저편에서 배를 타고 유럽으로 건너왔어요. 울트라마린 원료인 청금석(라피스라줄리)의 원산지가 아프가니스탄이었거든요. 특히 아프가니스탄 바다흐샨 샤르샤흐 지역에서 생산된 청금석은 얼마나 색상이 짙고 아름다웠던지 절로 탄성이 터져나올 정도였다고 합니다.

붉은 기운을 띤 파란색 광채를 내뿜는 최상급 청금석을 갈아 물에 섞으면 가을 하늘처럼 새파란 울트라마린을 얻을 수 있었습니다. 칠레와 잠비아, 시베리아 광산에서도 청금석을 캤지만 색채의 선명도와 깊이, 광택에서 아프가니스탄 청금석을 따를 수 없었습니다. 청금석의 아름다움에 반한 사람은 한두 명이 아니었어요. 대표적인 인물로 1271년 동방 여행길에 나섰던 마르코 폴로를 손꼽을 수 있겠어요. 그는 "하늘색을 닮은 울트라마린 원료인 청금석 광맥이 마치 바다처럼 출렁이는 산이 있다. 그 산에서 산출된 청금석은 세계에서 가장 뛰어난 품질을 자랑한다"라고 감탄을 금치 못했습니다.

또한 14세기 말에 『미술의 서』라는 책을 쓴 화가 첸니노 첸니니C. Cennini는 "눈부시게 아름다운 울트라마린은 세상의 다른 모든 색을 능가하는 가장 신비한 색이다. 하지만 청금석에서 안료를 추출하는 일은 사람의 피를 얻는 것만큼이나 어렵다"라고 극찬했습니다.

일반인들은 접근조차 불가능한 험악한 산악 지대, 그것도 지구상에서 가장 왕래하기 힘든 나라에서 캐낸 보석 같은 돌이니만큼 청금석은 황금보다 더 비싼 값에 거래되었어요. 유럽과 이집트, 동방에서는 성화, 혹은 채색 삽화를 그릴 때만 특별히 사용했습니다. 얼마나 귀하게 여겼으면 주문자가 화가와 계약서를 작성할 때 울트라마린을 칠할 부분과 정확한 양, 금액까지 명시했겠어요. 이를 증명하는 사례가 있어요. 1483년 밀라노 성모 마리아 무염시태회는 화가 레오나르도 다 빈치에게 〈암굴의 성모〉 그림을 의뢰하면서 다음과 같은 계약서를 작성합니다.

그림의 배경에는 산과 바위, 중앙에는 성모 마리아를 그린다.
성모 마리아의 겉옷은 청색으로 색칠한다.
금박으로 장식한 이 제단화를 12월 8일까지 인도한다.

만일 작품이 훼손될 경우 화가는 이를 복원해야 한다.

　천재 화가의 대명사인 다 빈치에 대한 이미지가 구겨질 만큼 굴욕적인 계약서인데요. 이쯤 되면 교수님도 궁금증이 생기실 거예요. 왜 다 빈치는 이런 수모를 받으면서 그림을 계약한 것일까요? 해답은 간단합니다. 르네상스 시대 화가들은 현대 화가들처럼 예술가로 대접받지 못했어요. 당시 미술품을 주문한 고객들은 화가를 예술가로 인정하기보다 장인이나 기능공 취급을 했거든요. 대다수의 미술가들 역시 창의성을 발휘할 엄두조차 품지 못했습니다. 화가의 으뜸 가는 덕목이란 고객의 요구를 만족시키는 것이었으니까요. 주문자들은 혹 미술가들이 딴청을 부릴까 걱정되었던지 그들이 지켜야 할 각종 의무 사항을 계약서에 적었어요.

　그림의 주제와 소재는 물론 등장 인물의 숫자(인물이 늘어날수록 가격도 올라가요), 납기일, 예상 비용, 대금 지불 방법, 색을 칠할 부분 등을 낱낱이 기록했어요. 이는 레오나르도 다 빈치 같은 대가도 예외일 수 없었어요. 그래서 천재 예술가들과 고객 사이에 불화가 끊이지 않았습니다. 특히 울트라마린처럼 값비싼 물감을 사용할 경우 주문자와 화가 사이에는 날카로운 신경전이 벌어집니다. 그림을 의뢰하는 측에서는 화가가 울트라마린을 값싼 파란색과 바꿔치기 할까 의심하는 한편, 화가는 물감을 자유롭게 사용할 수 없도록 감시하는 주문자의 인색함에 불만을 품었거든요. 결국 양측의 갈등을 사전에 방지하기 위해 모든 조항을 계약서에 상세히 기록해야만 했습니다.

　그런데 다 빈치의 고객은 왜 하필 성모 마리아의 겉옷에 울트라마린을 칠할 것을 요구했을까요? 울트라마린은 바로 성모 마리아 색이기 때문입니다. 놀랍게도 당시에는 성모 마리아용 물감이 따로 있었어요. 그 물감은 울트라마린입니

로렌초 디 크레디 | 〈수태고지〉

다. 물론 울트라마린이 처음부터 성모의 색이 된 것은 아니에요. 13세기 이전에는 아들을 잃은 어머니의 슬픔을 나타내는 어두운 색이면 성모의 옷에 사용할 수 있었어요. 성모는 늘 상복을 입었으니까요. 그런데 13세기에 접어들면서 상황은 달라져요. 교회 법전은 가톨릭 전례복의 색을 표준화하면서 성모상에 파란색을 칠하도록 규정합니다. 이후 파란색은 성모 마리아의 색이 된 것이지요. 자, 앞 장의 그림(P.9)을 보세요. 천사 가브리엘이 성모 마리아에게 예수를 잉태한 사실을 알리는 수태고지 장면인데요. 성모의 옷이 온통 파란색이잖아요.

이때부터 17세기까지 파란색은 오직 성모를 위한 색이 됩니다. 하긴 성모의 이미지와 파란색은 너무 잘 어울려요. 교수님도 알다시피 파란색은 비탄과 애도를 나타내는 동시에 신비와 초월을 상징하니까요. 그러나 성스러운 성모상에 평범한 파란색을 사용할 수는 없겠지요. 성화를 주문한 고객과 화가들은 자연스럽게 고귀한 성모 옷을 장식할 자격을 가진 파란색은 울트라마린뿐이라고 생각합니다. 왜냐하면 성화는 단순한 그림이 아니었으니까요. 당시 성화는 신의 존재를 일깨우는 한편 신앙심을 굳건하게 만드는 역할을 했거든요. 사람들은 자신들이 숭배하는 성모에게 세상에서 가장 값비싼 물감을 바치고 싶었습니다. 즉 귀한 물감인 울트라마린은 성스런 성모에게 바치는 경배의 표시였지요.

자, 우아한 성모가 울트라마린으로 색칠한 옷을 입고 등장하면서 어떤 현상이 벌어졌을까요? 파란색의 전성기가 시작됩니다. 파란색은 당시 최고의 인기를 누리던 화려한 진홍색을 젖히고 단숨에 지존의 자리에 오릅니다. 파란색은 가장 고상하고 귀족적이며 아름다운 색의 대명사가 되었어요. 파란색의 인기가 올라가면서 파란색을 전문적으로 생산하는 염료 상인들도 떼돈을 벌었습니다.

정갑영 교수님, 이렇게 세상에서 가장 재료비가 많이 든〈신의 사랑을 위하여〉

라는 작품에서부터 황금보다 더 비싼 물감인 울트라마린에 얽힌 흥미로운 일화를 전해드렸는데요. 교수님은 경제학자이신 만큼 제 이야기를 듣는 순간 본능적으로 경제를 떠올리실 것 같아요. 자, 경제맹인 저를 위해 방금 들려드린 미술 이야기를 경제 언어로 풀어주세요.

관장님, 울트라마린 얘기를 들으면서 혼자 빙그레 웃었는데요. 중세에도 역시 '바다 건너' 온 물건은 가격이 비쌌다는 사실 때문이지요. 이 이야기를 들은 독자 중에는 제게 볼멘소리를 하시는 분이 계실 겁니다.

'바다 건너' 온 물건이라고 다 비싼 것은 아니라고 말입니다. 네, 맞아요. 요즘 같은 글로벌 경제에서는 오히려 수입품이 더 싼 경우도 많습니다. 하지만 성모 마리아의 옷에 칠한 파란색 물감이 황금보다 더 비쌌다는 사실에는 놀랍다는 말 외에 다른 표현이 잘 떠오르지 않네요. 과연 물감이 황금보다 비쌀 수 있을까요? 물론 당시의 특별한 시대적 사정이 있었겠지만, 경제학적 관점에서 가격 결정을 이해하면 의외로 아주 쉽게 풀리는 문제입니다.

상품이나 서비스의 가치는 크게 두 가지 관점에서 결정됩니다.

첫 번째는 생산 과정에서 발생하는 비용인데요. 〈신의 사랑을 위하여〉처럼 수천 개의 다이아몬드가 들어간 것은 당연히 가치가 높아야겠죠. 또한 유명 화가라면 작품을 완성하기 위해 소요된 인건비도 비쌀 테니 그에 비례해 가치도 더욱 높아지겠죠. 이처럼 공급이나 생산 측면에서 그 상품의 가치를 평가할 수 있는 것이지요.

두 번째는 수요자인 소비자의 관점에서 보는 가치입니다. 만약 수천 개의 다이아몬드를 사용한 그림이 졸작이라면 차라리 그 보석들을 따로 파는 편이 더 가치가 높을 수도 있을 겁니다. 즉 아무리 비싼 재료를 사용했어도 정작 소비자가 그림의 가격을 낮게 평가했을 경우에는 가격이 떨어질 수 있다는 것이지요. 비싼 재료에도 그림의 가치가 낮게 평가된다면 당연히 시장 가격은 낮게 형성되는 것입니다. 소비자의 상품 외면으로 실패한 기업들을 심심찮게 볼 수 있는 것도 비슷한 이유에서 해석할 수 있습니다.

그렇다면 소비자는 어떤 식으로 상품의 가치를 평가할까요? 상품을 소유하거나 사용하면서 느끼는 만족감이 그 기준이 됩니다. 이 만족감을 경제학 용어로 '효용'이라 합니다.

눈치 빠른 독자라면 이쯤에서 제게 질문을 던질 듯합니다. 효용과 생산비 중 어느 것이 상품 가치에 더 중요하냐고 말이죠. 이 문제는 경제학계의 아주 오랜 논쟁거리이기도 했습니다. 당시 많은 고전학파 경제학자들은 상품 가치란 생산에 투여된 노동 시간의 양에 비례한다고 믿었습니다. 흔히 이를 '노동가치설'이라고 하지요. 알프레드 마셜A. Marshall, 1842~1924은 '가위 이론'을 제기했습니다. 즉 '상품 가치가 사용하면서 얻어지는 효용으로 결정되는지, 아니면 상품을 생산하는 생산비로 결정되는지의 문제는 마치 가위로 종이를 자를 때 가위의 윗날이 종이를 자르는 것인지 아니면 아랫날이 자르는 것인지를 따지는 것과 다를 바 없다'라는 논지를 선보인 것이지요. 상품의 가치가 결정되는 과정에서 공급과 수요 모두 중요하다는 주장을 폈던 것입니다.

가치 결정에서 효용이 중요하다고 믿었던 경제학자들에게도 이 문제가 어렵기는 마찬가지였습니다. 이들 역시 물과 공기처럼 없어서는 안 되는 소중한 재화의 시장 가격은 거의 싼 반면, 거의 쓸모가 없는 다이아몬드는 비싸게 팔리는 현상을 명쾌하게 설명하지 못했으니까요. 이를 '가치의 역설'이라고 합니다. 경제학의 아버지라 불리는 애덤 스미스 A. Smith, 1723~1790 역시 그의 역작 『국부론』 (1776)에서 '물과 다이아몬드의 역설'을 다루었습니다. 스미스는 사용 가치와 교환 가치의 개념을 구분한 뒤, 교환 가치가 반드시 사용 가치에 비례하는 것은 아니기 때문에 물과 다이아몬드의 역설이 발생한다고 주장했어요.

완벽하지 못한 스미스의 설명은 1870년대 '한계 효용학파'가 등장할 때까지 유효했습니다. 이후 영국의 제본스와 오스트리아의 맹거 등은 '최종 단위, 즉 한계 단위의 가치가 거래 가치를 결정한다'라는 이론을 정립해 가치의 역설을 쉽게 해결했지요.

이것은 '첫사랑의 경제학'으로도 설명할 수 있지요. 누구나 첫사랑의 아련한 추억은 오랫동안 간직하게 마련이지요. 수많은 사랑의 감정 중 왜 유독 첫사랑의 감정을 더욱 소중하게 여길까요? 경제학자들에게 이 질문을 하면 첫사랑의 '한계 효용'이 가장 크기 때문이라고 설명할 것입니다. 한계 효용이란 추가적으로 한 단위의 상품이나 서비스를 더 사용하면서 늘어나는 효용을 말합니다.

소비자는 상품의 첫 번째 소비에서 가장 큰 한계 효용을 느낍니다. 소비 단위가 늘어날 때마다 처음의 만족이 감소하는 것은 한계 효용이 점차 줄어들기 때문입니다. 이것을 '한계 효용 체감의 법칙'이라고 합니다. 얼마 전 애플사가 만든 다기능 휴대폰인 아이폰 iPhone이 처음 시판되던 날, 미국에서는 수십만에 달하는 인파가 밤새워 줄을 섰다고 하더군요. 판매 하루 만에 20만 대나 팔렸는데, 가격이 500~600달러에 이르렀다고 합니다. 재고가 바닥나자 경매 사이트에는 무려 1만 2,000달러에 사겠다는 사람들까지 등장했다지 뭡니까. 어떻게 이 가격을 설명할 수 있을까요. '처음'에 대한 호기심이 한계 효용을 하늘까지 치솟게 만든 것이지요. 휴대폰이야 얼마든지 더 만들 수 있지만, 지구상에 오로지 하나밖에 없는 미술 작품이야 그 한계 효용을 더 설명할 필요가 없지 않겠어요?

이와 같이 한계 효용학파들은 한계 효용이 클수록 소비자가 가치를 더 높게 평가한다는 주장을 펼쳤어요. 이것은 자연스럽게 희소성과 연결됩니다. 누구나 가질 수 없는 재화의 경우 큰 효용을 주기 때문에 그 가치가 더욱 올라간다는 것이지요. 처음의 한계 효용을 위해 일생을 바치는 사람이 허다한 이유도 바로 여기에 있습니다. 때로는 이것이 인류를 이끄는 원동력이 되기도 합니다. 새로운 지식과 기술도 여기서 비롯되며, 세상을 바꾼 발명품들도 새로움을 향한 환상에서 시작되니까요.

애플사가 만든 다기능 휴대폰, 아이폰

다 빈치의 초상

다음은 다 빈치의 흥미로운 계약 건에 관한 것입니다. 보통 주문 생산은 생산자보다는 소비자가 더 우월한 지위를 갖는 경우가 많은데, 당시 화가의 신분을 생각해보면 불공정한 계약을 받아들일 수밖에 없었을 겁니다. 이런 경우 수요와 공급에 의해 정상적으로 가격이 형성되기 어렵습니다. 독점 시장은 생산자가 지배하는 시장이기에 높은 가격이 형성되지만 당시처럼 수요자가 시장을 지배하는 구조인 경우에는 제 가격을 받기는 더욱 힘들었을 겁니다. 계약 자체도 화가에게 불리한 불공정 계약이 많았을 거고요.

관장님 이야기 중 특히 제 흥미를 끈 것은 당시에도 가짜 논쟁이 있었다는 것이에요. 값싼 재료를 비싼 재료로 속이고 작품을 그렸다니 말입니다. 여기서 잠깐 울트라마린과 물감과의 관계를 통해 한계 효용을 생각해보면 어떨까요? 만약 울트라마린을 대체하는 물감이 흔했다면, 가격에 영향을 줄 수도 있었겠지요. 진품은 구하기 어려워 더 비싸질 수 있지만, 대체 재료를 많이 쓴 그림은 그만큼 희소성이 떨어져 덩달아 가격도 떨어졌을 테니까요. 그러나 가짜라도 진품과 구별하기 어려웠다면, 이것 역시 진품 가격에 영향을 줄 수도 있지요. 명품 생산업자들이 '짝퉁'을 단속하려는 이유도 여기에 있는 것이지요.

물론 울트라마린을 쉽게 구할 수 있었다면 공급이 늘어나 희소성이 사라지고 가격 역시 아래로 고개를 숙였겠지요. 따라서 얼마큼 희소성을 유지하면서 소비자의 소유욕과 소비 욕구를 자극하느냐가 가치 결정에 중요한 역할을 한다고 볼 수 있겠습니다. 이것이 바로 시장의 균형 가격이 수요와 공급의 법칙에 따라 결정되는 원리지요. 이제 아무리 비싼 재료를 사용했더라도 소비자가 선호하지 않으면 결국 한계 효용은 낮아지고 가격도 오를 수 없음을 정확히 이해했을 겁니다.

경제의 세계에서는 사람들이 반드시 필요한 것이라고 생각한다 해도 가격이 높아지지 않습니다. 그보다는 한계 효용이 더 중요한 것이지요. 성모 마리아의 옷에 칠한 '울트라마린'을 생각해보세요. 쉽게 도달하기 힘든 장소의 돌에서 얻어낸 물감이라는 점에서 그 가치는 대단했을 겁니다. 당연히 그 점이 가격 결정에 가장 중요한 영향을 미쳤다고 생각할 수 있어요. 희소한 재료의 색으로 얻는 한계 효용의 달콤한 유혹을 그 누구도 쉽게 뿌리치지 못했을 테니까요. 이렇듯 필요보다는 한계 효용이 모든 상품의 가치를 평가하는 척도가 됩니다. 애덤 스미스가 미처 풀지 못했던 '물과 다이아몬드의 역설'을 살펴보면 이 문제를 더욱 잘 이해하실 겁니다. 물은 새로움을 전혀 찾을 수 없기 때문에 한계 효용이 작지만, 반대로 다이아몬드는 그 희소성으로 인해 한계 효용이 매우 큽니다. 물 한 방울 나지 않지만 다이아몬드가 가득한 무인도라면 상황이 달라집니다. 그곳에서는 물이 귀하고 새롭기 때문에 다이아몬드에 비해 한계 효용은

희소성 때문에 한계 효용이 큰 다이아몬드 | 포토그래퍼 전성곤

매우 커질 것입니다. 같은 종류의 음료수라도 산 정상에서 판매하는 것이 편의점보다 비싼 이유도 같은 이치로 생각할 수 있지요.

네, 교수님께서 상세한 설명을 해주시니까 경제에 대한 제 낯가림이 조금씩 해소된 것을 느낍니다. 자, 미술 재료에 관한 이야기로 말문을 열었으니까 물감이 미술사에 끼친 영향에 대한 이야기를 마저 들려드리면서 첫 시간을 마무리 지을까 합니다.

18세기 말에서 19세기 초, 화학 산업이 발달하고 인공 안료가 개발되면서 미술계에는 대변혁이 일어납니다. 바로 튜브 물감이 생산된 것이지요. 튜브 물감이 나오기 전, 화가들은 블래더라고 부르는 돼지 방광으로 만든 가죽 주머니에 젖은 물감을 넣어 보관했어요. 물감을 사용할 때마다 못으로 가죽에 구멍을 뚫어 안료를 짜낸 후 물감이 굳지 않도록 단단히 묶었습니다. 이 얼마나 번거롭고 성가신 일이었겠어요. 행여 가죽 주머니가 터지거나, 물감을 짜내고 막은 구멍에 공기가 들어가는 경우라도 생기면 아까운 물감을 몽땅 버려야 할 형편이었으니 말입니다. 그런데 1842년 기적이 일어났어요. 런던에 사는 미국인 화가 존 랜드가 튜브 물감을 개발한 것이지요. 가볍고 휴대가 간편한 튜브 물감이 시판되면서 화가들은 환호성을 지릅니다. 그중 가장 기뻐한 화가들은 인상파였어요. 야외에 나가서 자연을 직접 관찰하고 그림을 그릴 수 있는 환경이 조성되었으니까요. 화구상들도 발빠르게 미술계의 변화를 상술에 반영합니다. 휴대용 이젤과 작은 물감 상자, 접이식 팔레트 등 야외용 미술 도구들을 생산하고 조달하지요. 현장감이 생명인 인상주의 화풍을 미술사에 등록시킨 일등공신은 바로 튜브 물감이었어요. 특히 인상주의 대부인 모네는 이동식 그림 도구가 개발된 혜택을 가장 많이 받았어요. 배에 화실을 설치하고 강을 떠다니면서 그림을 그릴 정도였으니까요.

에두아르 마네 | 〈배에서 그림을 그리는 모네〉

이 장면은 마네가 배에서 그림을 그리는 모네를 묘사한 것인데요. 그림은 모네가 선상 화실을 개조하고 강줄기를 오르내리면서 빛의 효과를 추적한 사실을 생생하게 증명하고 있습니다. 하긴 모네에게 휴대용 물감은 미술의 전부라고 말해도 지나치지 않을 거예요. 만일 튜브 물감이 개발되지 않았다면 그의 특기인 선명한 색채를 짧게 끊어서 칠하고, 붓끝을 넓게 펴서 신속하게 찍어내고, 신들린 듯 자유분방하게 칠하는 붓질 솜씨를 발휘하기 힘들었을 테니까요. 르누아르의 아들인 장 르누아르도 "만일 휴대용 물감이 발명되지 않았다면 모네, 세잔, 시슬리의 명성도, 인상주의라는 이름도 존재하지 않았을 것이다"라고 증언했습니다.

자, 인상주의 팬들은 최초로 튜브 물감을 개발한 존 랜드에게 감사하는 마음을 가져야겠어요. 정갑영 교수님, 한낱 휴대용 물감이 미술사의 흐름을 바꾸는 데 중요한 역할을 했다는 사실이 흥미롭지 않으세요?

네, 아주 재미있는 이야기였습니다. 튜브 물감의 발견을 경제적 관점으로 해석하면 생산성이 높은 기술이나 도구를 개발한 것과 같은 개념이지요. 손으로만 물고기를 잡다 낚시나 어망을 개발한 것에 비유할 수 있습니다.

이렇게 되면 두 가지 효과가 나타납니다. 첫째는 생산성 효과로 종전보다 더 많은 상품을 만들 수 있다는 것입니다. 공급이 늘면 당연히 가격 인하의 효과가 발생하겠지요. 둘째는 부가 가치를 높이는 효과를 생각할 수 있어요. 같은 시간을 일해도 종전보다 더 많이 생산하고, 더 좋은 제품을 만들 수 있게 된 것입니다. 튜브가 있어야만 그릴 수 있는 그림들이 등장하는 것이지요.

튜브라는 상당히 단순한 도구가 인상파의 등장을 도운 것을 생각하면 역시 기술이 인류에 미치는 효과는 대단한 듯합니다. 비단 인상파뿐이겠습니까? 기술 발전에 따라 등장한 미술계의 새로운 흐름도 상당히 많을 테니까요. IT와 미디어 발달로 동일한 그림의 경매 가격 역시 더욱 비싸질 수도 있습니다. 이것도 부가가치를 높여주는 결과를 가져오는 셈이지요. 그래서 경제에서는 기술이 중요하고, 그 기술을 고안한 사람이 중요하고, 그 사람의 현재 모습을 탄생시킨 '교육'이 중요한 것이지요. 결국 교육이 경제의 미래를 결정한다고 해도 과언이 아닌 것입니다. 튜브 물감이 전해준 인상파의 신화처럼 세계의 경제 역시 어떤 새로운 인물과 기술이 탄생해 지구촌의 핑크빛 미래를 약속할지 앞으로 두고볼 일입니다.

핵심 경제 용어

고전학파 (Classical school): 고전학파는 애덤 스미스 이후 19세기 중엽까지 자유방임주의 경제사상을 바탕으로 경제학 체계를 정립한 맬서스 T. R. Malthus, 리카도 D. Ricardo, 밀 J. S. Mill 등의 경제학자들을 일컫는 말이다. 흔히 애덤 스미스를 경제학의 아버지라고 하는데 이는 그의 저서 『국부론』에서 주요 경제 개념들이 정립되었기 때문이다. 맬서스는 『인구론』, 리카도는 『지대론』, 밀은 『정치경제 원론』을 통해 가격, 생산, 노동, 임금, 이윤 등의 개념과 원리를 설명했다.

한계 효용 (Marginal Utility)과 가치의 역설: 한계 효용이란 상품을 한 단위 더 소비함에 따라 추가로 얻을 수 있는 만족감을 의미한다. 물보다 다이아몬드가 훨씬 비싼 가격으로 시장에서 거래되는 이유는 다이아몬드의 한계 효용이 물보다 크기 때문이다. 한계 효용은 희소성과 소비자의 욕구에 따라 결정된다.

부가 가치 (Value Added): 상품의 가격에서 재료비, 포장비 등 제품에 직접 사용한 원재료와 중간재의 가격을 공제한 것이다. 예를 들어, 1,000원 어치 밀가루와 다른 원재료를 투입해 1,200원 가치의 빵을 만들었다면 부가 가치는 200원이 된다. 동일한 재료를 가지고 좋은 아이디어나 기술을 통해 값비싼 제품을 만들면 부가 가치가 더 높아진다. 기업들은 부가 가치를 높이기 위해 새로운 기술을 개발하고, 소비자가 선호하는 디자인 개발에 주력한다.

수요 공급의 법칙: 수요의 법칙은 다른 조건이 동일한 상황에서 가격이 오르면 소비자의 수요가 줄고, 반대로 가격이 내리면 수요가 증가하는 현상을 말한다. 반면, 생산자는 가격이 오르면 더 많이 공급하려 하고, 가격이 낮으면 공급을 줄이려고 하는데 이런 현상을 공급의 법칙이라 한다. 시장에서는 수요와 공급의 법칙이 동시에 작용해 균형 가격이 결정된다.

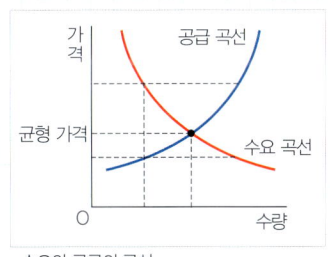

수요와 공급의 곡선

2
미술품 가격과 수요 탄력성

1950 마크 로스코 〈화이트 센터〉

© Mark Rothko | ARS, New York-SACK, Seoul, 2007

정갑영 교수님, 2007년 6월 15일 미국 화가 마크 로스코의 그림이 뉴욕 소더비 경매에서 전후 미술품 사상 최고가인 7,280만 달러(673억 원)에 낙찰되면서 미국이 세계 미술 시장을 주도한다는 사실을 또 한 번 입증했어요. 왜냐하면 그 이전에도 미국 화가 윌리엄 드 쿠닝의 작품이 최고 낙찰가를 기록했었거든요.

그럼 화제가 된 마크 로스코의 그림(P.27)을 감상하면서 미국이 세계 미술 시장을 쥐락펴락하게 된 배경을 말씀드리겠습니다.

직사각형 색면들이 여러 층으로 겹쳐진 추상화입니다. 바탕색과 색채들은 수채화 물감처럼 부드럽게 섞이면서 오묘한 색채로 바뀝니다. 교수님, 덧칠한 색면들이 마치 안개 속을 떠도는 것처럼 몽롱하게 느껴지지 않으세요? 관객을 색채 속으로 빨려들게 하면서 우주의 신비를 체험하고 한없는 경외감을 느끼게 하는 것, 이것이 곧 로스코 화풍의 특징이지요.

하지만 단지 예술성이 뛰어난 것만으로 로스코의 작품이 그토록 비싼 가격에 팔리지는 않을 거예요. 그래요, 까닭이 있습니다. 바로 미국 현대 미술의 시조인 추상표현주의 작품이기 때문입니다. 추상표현주의란 1950년대 미국 뉴욕에서 태동한 최초의 미국 현대 미술 사조를 가리켜요. 즉 세계 최강대국이면서 경제 대국이 된 미국인들의 정체성과 자부심을 상징하는 국민 미술입니다. 미국인들은 미국적 색채가 짙은 추상표현주의를 무척 아끼고 사랑했어요. 왜냐하면 당시만 하더라도 미국은 현대 미술에 관한 한 시골뜨기 신세를 면치 못했었거든요.

제2차 세계대전 이전까지만 해도 현대 미술의 종주국은 프랑스 파리였어요. 파리가 예술의 천국이 된 것은 프랑스 정부가 국가 차원에서 예술을 적극 후원했고, 신흥 재력가로 급부상한 부르주아 계층이 고품격 교양인이 되는 지름길은 예술품 감상과 수집에 있다고 믿었기 때문입니다. 파리는 창조의 열기가 이글거리는 거대한 용광로였어요. 다양한 미술 사조와 실험 미술이 봇물 터지듯 쏟아져 나왔어요. 마침내 파리는 전 세계 미술가와 애호가들이 순례에 나서는 현대 미술의 성지가 됩니다. 그런데 세계대전이 벌어지면서 상황은 돌변해요. 현대 미술의 주도권은 미국으로 넘어옵니다. 어떻게 이런 희한한 일이 벌어졌을까요? 유럽 현대 미술가와 비평가, 미술사가 화상들이 나치 정권의 박해와 전쟁의 참화를 피해 미국으로 대거 망명했기 때문입니다. 이들과 함께 최신 현대 미술 사조도 미국으로 유입되었지요.

귀동냥으로만 전해듣던 유럽 대가들이 신세계행을 선택하면서 미국 미술계는 대변혁을 겪게 됩니다. 미술계에 실험적이고 혁신적인 미술을 제작하는 분위기가 확산되는 등 글로벌리즘이 조성되어요. 하지만 토종 미술인들의 입장에서는 유럽산 미술 사조의 유입을 쌍수를 들고 환영할 수만은 없는 노릇이지요. 자칫 미국 미술계가 유럽 미술의 식민지로 전락할지도 모르는 일이니까요. 그런 미국 미술인들의 우려는 공연한 엄살은 아닙니다. 당시 미국인들은 현대 미술을 접할 기회가 전혀 없었어요. 1913년 뉴욕 69연대 병기 창고에서 열린 아모리 쇼에서 난생 처음 유럽 전위 미술을 접했을 뿐입니다.

미국 토종 미술가들은 국제 감각을 지닌 글로벌 작가들과의 경쟁에서 밀리지 않으려면 그들을 능가하는 혁신적인 미술을 창안해야 한다는 심적 압박감을 느낍니다. 그러나 위기감을 갖는 한편 자신감도 생겼어요. 전설적인 거장들의 작품을 직접 대하면서 맞수가 될 수 있다는 배짱이 생겼거든요. 특히 새내기 예술가들은 야심만만해 합니다. 그들은 과욕을 부린 나머지 세계 미술계를 장악하려는 욕심까지 부려요. 즉 현대 미술의 왕좌에서 파리를 쫓아내고 뉴욕이 지존의

자리에 올라서는 것을 말하지요.

마침내 미국 미술가들은 유럽 미술과는 전혀 다른 미국적 특성을 지닌 추상표현주의를 창안하기에 이릅니다. 추상표현주의란 추상이면서 표현적이라는 뜻입니다. 즉 예술가의 다양한 감정이 화폭에 표현된 추상화를 말해요. 애국심에 불타는 비평가들도 분연히 펜을 들어 미국이 독창적인 미술을 갖게 된 사실을 대중에게 알립니다.

예를 들면 추상표현주의 열혈신도인 평론가 그린버그는 이렇게 큰소리칩니다.

"유럽의 예술적 에너지가 고갈되면서 피카소, 브라크와 같은 위대한 예술가들의 에너지도 덩달아 쇠퇴했다……. 반면 미국 미술은 창조적 에너지와 자신감으로 충만한 신세대 미술가의 출현에 힘입어 그 수준이 날로 높아간다……. 놀랍지만 서구 미술의 창조적 열기가 산업 생산과 정치 권력의 중심지인 미국으로 이동했다고 결론을 내리지 않을 수 없다."

1950년대 말에 이르면 미국 정부도 신종 미술을 국위 선양의 도구로 활용합니다. 뉴욕현대미술관은 추상표현주의 홍보대사로 발벗고 나섭니다. 1958년 미국인들의 예술적 열등감을 해소하는 의미에서 '새로운 미국 회화'전을 대대적으로 개최합니다. 이 전람회는 미국산 미술을 세계 미술계에 수출하는 첨병이 됩니다. 유럽 8개 도시를 순회하면서 미국이 정치경제뿐 아니라 예술의 대국이 되었음을 만천하에 알렸거든요.

교수님, 이제 로스코의 작품이 왜 그토록 천문학적인 가격에 거래되는지에 대한 의문이 풀리셨을 거예요. 돈 많은 미국인들이 앞다투어 미국 미술을 사려고 덤벼들기 때문이지요. 세계 최강대국인 미국의 자존심을 세운 추상표현주의에 대한 무한한 사랑이 재테크로 변질된 현상을 보면서 새삼 돈의 마력은 대단하다는 생각이 듭니다.

관장님 대체로 예술품의 가격은 그 나라의 경제력과 높은 상관 관계가 있습니다. 예술품은 식량이나 옷과 같이 일상 생활에 반드시 필요한 것은 아니지요. 그래서 소득 수준이 낮을 때는 예술품보다는 의식주 해결이 급선무가 되고, 상당한 여유가 생긴 후에야 그림에 관심을 갖기 시작합니다.

현대 미술의 왕좌가 파리에서 뉴욕으로 바뀐 것도 분명히 경제력과 관련이 있지요. 미술뿐만 아니라 인력도 마찬가지입니다. 유명 경제학자는 거의 모두 미국에 거주합니다. 엄청나게 파격적인 조건으로 모셔가는데 경제력이 수반된 국력 없이는 불가능한 일이지요. 특히 미술품처럼 세계적으로 유일한 재화는 수요가 조금만 증가해도 가격이 매우 크게 변동합니다. 더욱이 미국 같은 나라가 자국의 국위 선양을 목적으로 특정 작품들에 조금만 입김을 불어넣는다면 해당 작품들의 수요가 급속히 증가할 가능성은 충분하지요. 생각해보세요, 세계 순회 전람회를 통해 미국이 예술 대국임을 각인시킴과 동시에 세계적인 수요를 창출시키는 결과를 가져오니 가격이 뛸 수밖에 없지 않겠어요?

현대 미술의 중심이 미국으로 이동한 이유에 대해 관장님이 말씀하신 것에 조금 덧붙여보겠습니다. 최근 세계적인 투자 회사인 메릴린치에서 세계적으로 950만 명에 달하는 백만장자들의 소비 행태를 분석했는데 매우 흥미로운 결과가 나왔습니다. 유럽과 남미의 백만장자들은 예술품에 많이 투자하지만, 중동 부자들은 보석과 시계, 아시아 부자들은 자동차와 골프 회원권을 사는 데 열을 올린다고 합니다. 세계 백만장자의 3분의 1에 달하는 320만 명이 미국과 캐나다에 거주하는데 이들은 주로 비행기, 자동차, 요트를 가장 많이 사고, 예술품 구입 비중은 오히려 유럽의 25퍼센트보다 적은 15퍼센트 수준이라고 합니다. 단기간에 돈을 번 북미 백만장자들은 자기 과시를 선호하는 반면 유럽 부자들은 자동차나 비행기에 못지않게 세계의 예술품을 사는 것이지요. 비록 미국 부자들의 예술품 구입 비중이 유럽보다 적지만 미국의 백만장자 규모가 유럽보다 크고, 주로 현지 작가의 예술품을 사기 때문에 유럽에 비해 수요는 오히려 더 많다고 할 수 있습니다. 반면, 세계 미술품에 비해 미국 현지의 미술품 공급은 제한적이므로 미국 화가의 그림 가격이 월등히 높아진다는 설명도 가능하네요. 현대 미술의 중심이 미국으로 이동한 이유가 될 수 있겠죠.

특히 고소득층을 중심으로 그림을 구입하는 열풍이 번지면 수요탄력성이 큰 예술품은 시장에서 가격 급등을 초래하게 마련입니다. 다른 공산품이야 가격이 너무 상승하면 생산을 늘려 가격을 조절할 수 있지만 미술품은 그럴 수도 없잖아요. 이것 역시 탄력성의 문제입니다. 가격 변화에 얼마나 민감하게 반응하느냐가 곧 탄력성을 의미하는데 따지고 보면 미술품은 공급의 탄력성이 전혀 없는 셈이죠. 따라서 수요가 조금만 변해도 가격에 큰 영향을 미치는 것입니다. 극단적으로 말해 구입을 원하는 사람이 몇 명만 더 생겨도 가격 폭등을 유발할 수 있는 경제적 특성을 가진 게 미술품인 것이죠. 여기에 고소득층이 너나 할 것 없이 미술품을 구입하는 전시 효과까지 가세한다면, 그리고 재테크 수단으로까지 활용한다면 그림값은 커다란 해일이 일듯 크게 요동칠 겁니다. 경제가 불황에 직면하면 같은 논리로 그림값은 폭락할 수도 있지요.

이 같은 그림 가격의 속성을 간파해 많은 이익을 얻는 데 성공한 경제학자가 있습니다. 세계적으로 내로라하는 경제학자 케인스 J. Keynes는 제2차 세계대전 후 영국을 대표하여 폭락해버린 프랑스 그림들을 사모으기 시작했지요. 전쟁이 끝나 유럽 경기가 회복되자 그림값은 천정부지로 뛰어올랐고, 영국 정부는 물론 케인스 개인도 그림으로 상당한 이익을 보았다고 하네요.

내친 김에 여기서 한 가지 재미있는 경제 현상을 살펴보도록 합시다. 부富가 축적되면 그 부를 바탕으로 소비가 늘어나게 되는 현상이 발생하는데요, 예를 들면 부동산 가격이 오르거나 주가가 오르면 소비가 늘어나는 것이 여기에 해당됩니다. 이런 현상을 부의 효과(wealth effect)라고 합니다. 경기는 부진한데 갑자기 주가가 뛰기 시작하면 소비가 늘어나는 것도 전형적인 부의 효과 때문입니다. 실제로 부의 효과가 경기 회복에 도움을 주는데요, 물론 소비는 모든 재화에 걸쳐 증가하게 됩니다. 생필품에 대한 소비도 당연히 늘어나지요. 그러나 생필품의 소비에는 한계가 있지요. 경기가 좋아지고 소득이 늘었다고 갑자기 하루 식사를 더 늘릴 수는 없으니까요.

따라서 생필품보다는 관광, 예술품, 사치재 등 흔히 고급 서비스와 재화에 대한 소비가 더 많이 늘어나게 됩니다. 경제학에서는 이것을 탄력성으로 평가합니다. 소득이 1퍼센트 증가했을 때 어떤 상품에 대한 소비가 몇 퍼센트 늘어나는가가 바로 소득탄력성입니다. 같은 개념으로 가격이 1퍼센트 내렸을 때 수요가 얼마나 증가하는가는 가격탄력성입니다. 생필품은 가격 변화나 소득 수준의 차이에도 수요에 큰 변화가 없으므로 탄력성이 매우 낮다고 할 수 있습니다. 그러나 그림 같은 예술품은 소득탄력성이 매우 큽니다. 소득이 많아질수록 부의 효과로 인해 그림에 대한 수요가 크게 늘고, 이런 이유로 가격도 올라가는 것이지요. 부의 축적은 부의 효과를 불러와 수요를 증가시키고, 이것은 다시 가격을 올리는 결과를 가져옵니다.

관장님, 그냥 넘어가기에는 너무 궁금한 것이 있습니다. 앞서 언급했듯 다른 재화와 달리 미술품은 세상에 단 한 점밖에 존재하지 않기에 가격 결정에 있어 일반 재화와는 다른 특성이 있을 것 같습니다. 그렇다면 애초에 그림 가격은 어떻게 결정되나요?

네, 제가 외부 강연을 나갈 때마다 청중들에게 가장 자주 듣는 질문도 작품 가격에 관한 것입니다. 하긴 미술품 가격에 대한 정보를 접하기 힘든 일반인의 입장에서는 어떤 과정을 거쳐 가격이 매겨지는지 궁금할 수밖에 없겠지요.

소득탄력성이 큰 사치재 | 포토그래퍼 우창원

미술품도 일반 공산품처럼 수요 공급에 의해 가격이 결정됩니다. 하지만 미술품의 특성상 제조 비용이나 원가를 반영해 판매가를 결정짓지는 않습니다. 미술품 가격을 형성하는 요소는 매우 다양하지만 다음과 같이 요약할 수 있겠어요.

먼저 미술가의 명성입니다. 주요 전시관에서 초대받은 횟수가 많을수록 명성이 올라갑니다. 즉 어떤 전시회에 초대받았고 어느 전시장을 거쳤는지가 명성의 잣대가 되지요. 만일 어떤 작가가 세계 유수의 미술관에 초대되어 개인전을 개최한 경력이 있다면 그는 유명한 예술가임에 틀림없어요. 또 예술가에 관한 출판물도 명성에 영향을 끼쳐요. 대중들이 좋아하는 예술가일수록 전기나 작품론이 많습니다. 고흐와 피카소, 레오나르도 다 빈치, 미켈란젤로 등 대중적인 인기를 누린 예술가의 경우를 보세요. 얼마나 책이 자주 출간됩니까. 그만큼 명성이 높다는 얘기지요. 언론에 기사화되는 횟수도 명성을 높이는 데 도움이 됩니다. 피카소, 달리, 워홀은 언론 매체의 덕을 가장 많이 본 예술가입니다. 이 세 예술가는 명성을 얻기 위해 언론을 적극적으로 활용했어요. 그래서 언론 플레이를 가장 잘한 예술가 3인방으로 유명하지요.

다음은 예술성입니다. 당연한 얘기지만 예술적 가치가 높은 작품일수록 가격은 올라갑니다. 예술성의 평가는 대체로 평론가, 미술관 관장, 큐레이터, 미술 전문 기자 등이 하는데 이런 전문가 집단의 흥미를 끄는 작품일수록, 혹은 논쟁을 불러일으키는 작품일수록 예술성이 높을 확률이 큽니다. 한편 작품의 주제와 크기, 제작에 소요된 시간, 작품 재료, 보존 상태, 미술품 소장자의 신분도 작품값에 영향을 줍니다. 뜬금없이 '소장자는 왜?' 하고 의문을 품는 독자들이 있을 텐데요, 누가 소유하고 있었는지도 매우 중요합니다. 세계적인 명사가 소장한 작품일 경우, 컬렉터 사이에서 화제가 되면서 덩달아 인기도 높아지거든요.

다음으로, 유행도 가격 변동에 영향을 끼칩니다. 한동안 인기가 없던 작품일지라도 애호가의 취향이 변하면서 가격이 급등합니다. 한국 미술의 예를 들면 불과 몇 년 전까지만 해도 구상화는 미술 시장에서 인기가 없었어요. 수집가들은 세련된 추상화, 연극적인 스케일을 지닌 설치 미술, 최첨단의 기술력을 자랑하는 미디어 아트에 비해 사실적인 구상화는 촌스럽다는 편견을 가졌었거든요. 그

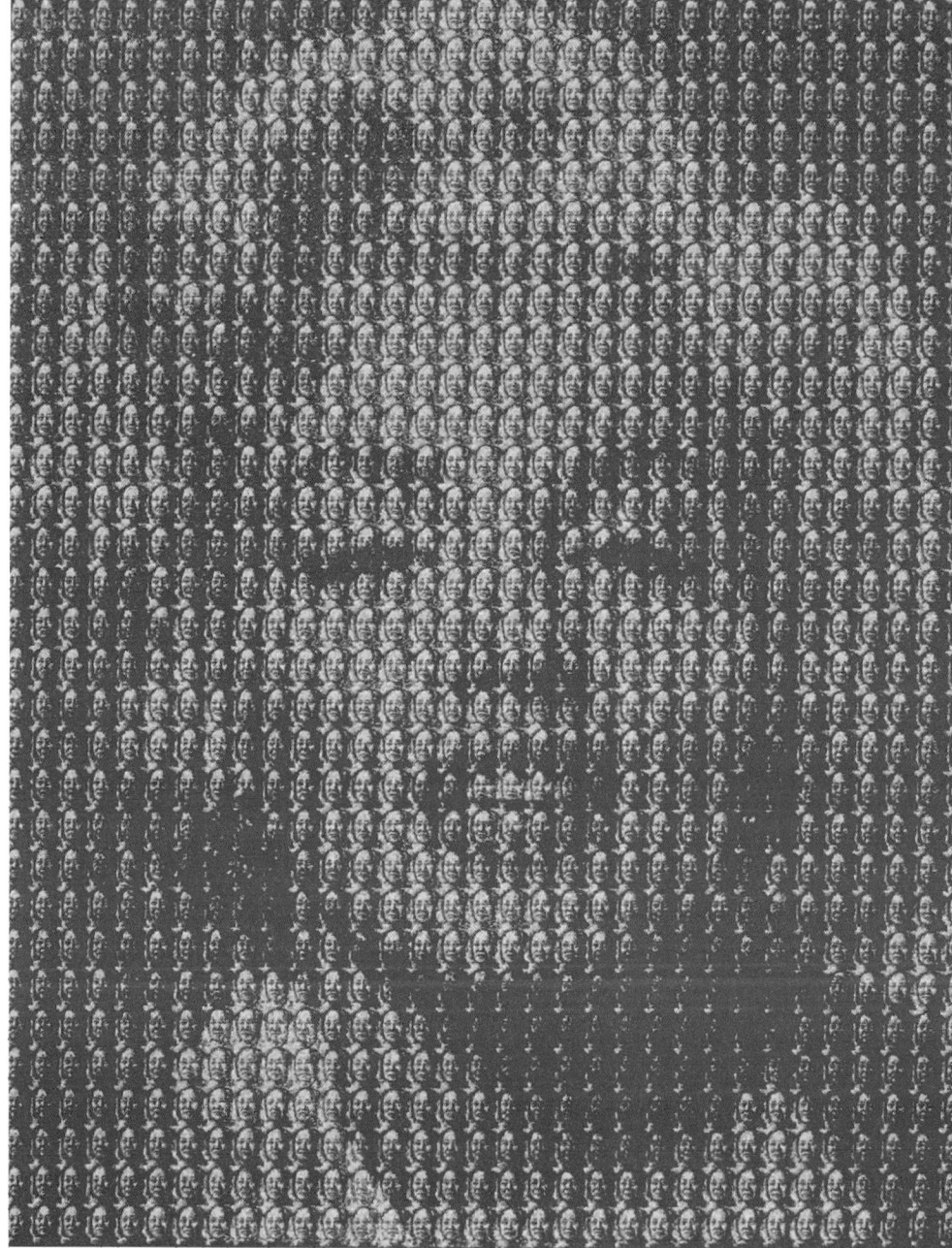

김동유 | 〈마릴린 vs. 마오 주석〉

런데 최근 구상화가 인기를 끌면서 가격도 가파르게 오릅니다. 김동유의 그림이 대표적인 사례가 되겠는데요. 김동유는 2006년 5월 홍콩 크리스티 경매에서 한국 생존 작가로는 최고가인 3억 2,000만 원에 그림이 낙찰되면서 단숨에 스타 작가의 반열에 올랐어요.

그의 작품이 그토록 비싸게 팔린 비결은 무엇일까요? 마릴린 먼로, 오드리 헵번, 존 F 케네디, 마오쩌둥 등 대중적으로 잘 알려진 명사들을 김동유표라는 독특한 기법으로 묘사했기 때문입니다. 이 그림을 보세요. 멀리서 보면 마릴린 먼로의 모습이지만 가까이에서 보면 수백 수천 개의 마오쩌둥 얼굴이 우표 크기에 빈틈없이 그려져 있어요. 그것도 제각기 다른 얼굴입니다. 김동유 화가가 멀리서 본 이미지와 가까이에서 보는 이미지를 전혀 다르게 연출한 것은 겉으로 드러난 것이 전부가 아니라는 메시지를 던지는 동시에 삶의 화려함과 허무함의 대비를 강조하기 위해서입니다. 즉 컬렉터들은 주제의 깊이와 고도의 숙련된 기법이 완벽하게 결합된 점을 높이 평가한 것이지요.

끝으로 희소 가치를 들 수 있겠어요. 귀한 작품일수록 가격이 가파르게 오릅니다. 이것은 지극히 당연한 현상이지요. 사려는 사람은 많은데 작품수가 적으면 가격이 오를 수밖에요.

〈마릴린 vs. 마오 주석〉 부분

교수님, 제가 미술계에 떠도는 썰렁한 농담 한 가지를 소개하겠어요. 흔히 유명 작가가 세상을 떠나기를 고대하는 사람들이 있는데, 그들은 바로 소장가라는 얘기가 있어요. 왜 그런 뼈아픈 농담이 생겨났을까요? 예술가가 세상을 떠난 순간부터 미술품 가격이 급등하는 경우가 많기 때문입니다. 생각해보세요. 미술품의 생산자인 작가는 없는데도 수요자인 고객은 계속 생겨납니다. 세계 경제가 활황세를 보이면서 미술품 수집에 관심을 둔 신흥 부자들이 늘어나고 전 세계적으로 미술관 신축 붐이 일고 있으니까요. 그런데 컬렉터와 미술관들은 특정 미술품에만 눈독을 들여요. 당연히 가격은 천문학적으로 올라가지요. 실제로 유명 미술가가 임종한 순간부터 가격이 급상승하는 경우가 많습니다. 미술품이 더 이상 제작되지 않는다는 것에 불안감을 느낀 수집가들이 일제히 사려고 나서거든요.

고흐, 피카소, 모네 등 소위 블루칩 작가의 작품값은 상한선이 없다는 속설은 사실입니다. 그림은 세상에서 단 한 점뿐인데 사려는 사람들은 너무 많아요. 그들이 치열한 경쟁을 벌이는 바람에 가격만 끝없이 오르는 것이지요.

경제 이론에서 크게 벗어나진 않지만 역시 그림 가격 결정에는 특수한 요인이 있군요. 미술가의 명성과 예술성, 그리고 애호가의 취향이라면 경제 이론으로 모두 설명이 가능하겠습니다.

물론 예술성이라는 것이 매우 주관적인 성격이긴 하지만 이것 역시 애호가의 취향처럼 수요자가 그림에 높은 한계 효용을 가질 때 비로소 가격이 비싸질 테니까요. 명성은 일종의 브랜드 파워 같은 것이지요. 소비자가 특정 기업의 생산 제품을 무조건 신뢰할 수 있다면 그것이 바로 브랜드의 명성 아니겠어요? 원래 주식투자를 할 때도 기업의 가치보다는 많은 사람들이 좋아하는 미인주를 찾으라는 말이 있습니다. 아무리 본질적인 가치가 높다 할지라도 사람들이 알지 못하면 주가는 오를 수 없지요. 아트 펀드나 아트 재테크에서도 이 점이 중요할 것 같네요. 예술 가치가 높은 작품보다 시장에서는 인기 있는 화가의 작품이 더 비싸겠지요.

언론에 기사화가 많이 되어야 명품이 될 수 있는 것 역시 소비자의 수요를 증대시키기 때문입니다. 화가들뿐 아니라 정치인도 자신의 부고 기사만 빼고 그 어떤 내용이라도 기사화가 되면 될수록 지명도가 높아져 표를 많이 끌어모을 수 있다고 하더군요.

그림 가격이 명성, 예술성, 브랜드로 결정된다고 생각하니 신인 화가들의 작품은 당연히 높은 가격으로 거래되기 어렵겠군요. 그들의 작품은 아무리 예술성이 높아도 상당 기간의 명성이 축적되어야 제대로 평가받을 수 있을 테니까요. 산업에서도 비슷한 경우가 많습니다. 전력이나 철도처럼 많은 자본을 요구하거나, 화장품처럼 광고를 많이 하고 개인별 선호도에 있어 큰 차이를 보이는 제품의 경우 신생 기업의 시장 진입은 여간 까다로운 것이 아닙니다. 특정 제품에 대한 소비자의 신뢰도가 매우 높은 상황에서 새 브랜드나 상품이 성공적으로 자리잡기가 어찌 쉬울 수 있겠습니까? 그러나 일단 명성만 쌓이면 상당히 높은 가격을 받을 수 있게 됩니다. 명품을 보세요. 유명 화가의 그림 역시 명품과 같은 속성을 지니고 있는 셈이지요.

세상에 단 한 점뿐인 명화. 가격이 낮을 리가 없겠지

신생 기업의 시장 진입이 어려운 화장품 시장 | 포토그래퍼 우창원

요. 경제 규모가 커지면서 부의 효과로 수요는 더 늘어날 것이고, IT 미디어 기술 확산으로 명화에 대한 국제적 수요마저 증가하는 추세이니, 명화의 가격은 오를 일만 남았네요. 최근 들어 고소득층의 재테크 수단으로까지 번져가고 있다고 하니 지금 투자해도 결코 늦지 않을 것입니다.

핵심 경제 용어

전시 효과(Demonstration effect) : 소비 행태가 절대적인 소득보다 상대적인 소득 수준에 더 많은 영향을 받는 현상이다. 듀젠베리J. S. Dusenberry는 '후진국이 선진국의 소비를 흉내내거나, 자신의 소득보다는 높은 사치스런 이웃의 소비 행태를 모방하는 현상'을 전시 효과라 했다. 이 이론에 따르면 소비의 절대 수준보다는 타인과 비교한 상대적 소비 수준에 따라 소비자의 만족도가 결정된다. 아무리 많이 소비해도 남보다 상대적으로 작다면 만족하지 못하고, 비록 넉넉하게 소비하지 못해도 이웃과 비교해 많다고 생각되면 만족도가 올라가는 현상도 전시 효과로 설명할 수 있다.

부의 효과(Wealth effect) : 자산의 가격이 오르면 소비 역시 증가하는 현상을 말한다. 대표적인 부의 효과로는 부동산 가격이나 주식 가격이 상승하면 소비가 늘어나는 현상을 들 수 있다. 자산의 가격이 상승하면 가치가 상승한 자산으로부터 얻을 수 있는 기대 소득이 많아지기 때문에 나타나는 현상이다.

탄력성(Elasticity) : 특정 변수가 1퍼센트 변동할 때 다른 변수가 몇 퍼센트나 변화하는지를 나타내는 값이다. 예를 들어 수요의 가격탄력성은 가격이 1퍼센트 변화할 때 수요는 몇 퍼센트 변하는가를 나타낸 수치다. 생활필수품의 경우 가격이 변화해도 소비를 줄이기 힘들기 때문에 탄력성이 낮다. 반대로 사치재는 가격탄력성이 매우 높다.

$$수요의\ 가격탄력성 = \frac{수요량의\ 변화율\ (\%)}{가격의\ 변화율\ (\%)}$$

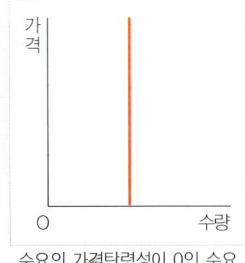
수요의 가격탄력성이 0인 수요 곡선

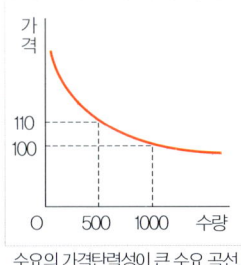
수요의 가격탄력성이 큰 수요 곡선

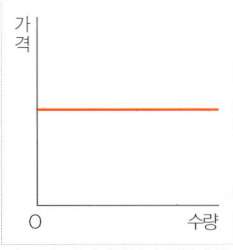
수요의 가격탄력성이 무한대인 수요 곡선

3
패션 모자에 숨은 시장 원리

1882 에드가 드가 | 〈모자 상점에서〉

정갑영 교수님, 한국인들이 좋아하는 인상주의 그림에는 여성들이 자주 등장해요. 대부분 세련된 옷차림을 한 도시 여성들입니다. 그림에 나타난 여성들의 자태와 패션을 연구하는 것만으로도 당대 풍습과 유행, 경제, 여가 생활을 추적할 수 있을 정도예요.

마네, 모네, 르누아르 등 이른바 인상주의 스타 화가들은 최신 유행에 민감한 도시 여성들을 세련된 화풍으로 묘사한 대표적인 화가들인데요. 이 세 화가를 단숨에 제칠 만큼 강력한 라이벌이 있습니다. 바로 드가예요. 그는 여성을 묘사하는 능력에 관한 한 타의 추종을 불허해요. 자신의 작품 중 4분의 3 정도를 여성들에게 할애하고 있으니까요.

드가는 다양한 계층 여성들의 몸짓과 동작, 감정, 표정을 관찰한 후 마치 스냅사진처럼 화폭에 담았습니다. 1882년경부터는 여성용 모자에 푹 빠져서 모자를 사는 쇼핑객과 모자 만드는 여인들을 그림에 표현해요. 그가 왜 여성용 모자에 매료되었는지 그림을 감상하면서 의문을 풀어보겠어요.

두 여성이 모자 가게에서 예쁜 모자를 고르는 장면을 묘사한 것입니다. 이 그림은 모자 상점이 주제인 드가의 연작 중에서 예술성이 가장 탁월하다는 평가를 받고 있어요. 화려한 여성용 모자와 모자를 장식하는 실크, 깃털, 꽃, 리본, 밀짚 등의 질감과 색상까지 생생하게 그림에 표현했거든요. 구성도 절묘해요. 그는 모자가 놓인 테이블을 대각선 방향으로 배치했는데 이

〈모자 상점에서〉

는 모자를 탐내는 여성의 심리를 강조하는 동시에 관객의 눈길을 가게 안으로 유도하기 위해서입니다. 교수님, 벽에 걸린 금박 액자로 장식한 거울이 보이세요? 모자 상점에 이처럼 사치스런 거울이 걸린 것은 모자를 사는 고객이 돈 많은 부르주아 계층 여성들이기 때문입니다. 당시에는 부유한 시민 계층 여성들은 모두 모자를 착용하는 풍습이 있었어요. 모자를 쓰지 않으면 예의범절도 모르는 무례한 여자라는 비난을 받았어요. 무도회장, 식당, 공공 장소에서 모자를 착용하지 않은 여성은 숫제 하층민 취급을 받았으니까요.

외양만으로도 서민들과 구별되고 싶었던 부르주아 여성들은 자신에게 주어진 부의 특권을 과시하고 싶어했어요. 값비싼 재질로 만든 사치스런 모자를 착용합니다. 모자 제작자들도 고객들의 구매 욕구를 자극하기 위해 새의 깃털, 꽃, 과일, 낙엽, 하늘거리는 명주, 레이스, 리본 등 다양한 장신구로 모자를 치장했어요. 자신도 부르주아였던 드가는 겉멋을 부리는 부유한 여성들의 심리를 잘 알고 있었어요. 그래서 저토록 현장감이 넘치는 그림을 제작할 수 있었지요.

교수님, 이 그림에는 재미있는 일화가 꼬리표처럼 따라다녀요. 드가가 최신 유행에 관심을 가진 것을 안 화상 볼라르는 마치 들으라는 듯 화가 앞에서 유행을 쫓는 경박한 여성들을 헐뜯습니다. 그러자 드가는 다음과 같이 여성들을 옹호해요.

"여보게, 볼라르. 여자가 유행이라면 깜박 죽는 현상을 그렇게까지 흉볼 필요가 있나. 만약 여자가 유행에 무관심해진다고 가정해보게. 과연 어떤 일이 벌어질까. 여자들은 수다를 떨 화제거리가 없어지니까 남아도는 시간을 주체하지 못해 안달을 부릴 것이 틀림없네. 남자들은 들볶여서 살기조차 힘들어질 거야. 여자들을 유행에서 떼놓으려면 정부가 발벗고 나서야 할 판이라고."

드가가 하필 유행에 민감한 쇼핑객들을 그림에 묘사한 것에는 그럴만한 까닭이 있어요. 드가의 시절 파리는 나폴레옹 3세의 '도시화 건설 사업'으로 인해 국제 도시로 거듭났어요. 대로에는 카페와 극장, 오페라 하우스 등 대형 건물이 들어서고 상점들은 화려한 상품들을 진열해서 시민들을 유혹했어요. 드가는 상점에서 쇼핑객들이 물건을 사는 모습과 신상품들이 급속히 소비되는 현장에 매력을 느꼈어요. 그를 사로잡은 테마가 바로 도시민의 일상이었으니까요.

인상주의자 드가는 무릇 화가란 동시대의 삶을 그림에 표현해야 한다는 신념을 가졌어요. 물론 다른 인상주의 화가들도 드가처럼 현재의 삶을 그리는 것을 화가의 사명으로 여겼습니다. 왜냐하면 인상주의자들은 이상적인 미와 도덕적인 교훈을 강요하는 진부한 아카데미풍 그림에 진력이 나 있었거든요. 드가는 위대한 인물과 영웅, 여러 신들, 요정들이 등장하는 현실과 동떨어진 그림과 결별하고 동시대인들의 삶에 주목합니다. 과거를 미화시키는 역사적 신화적인 주제 대신 시민들의 일상과 화려한 신상품에 매혹된 쇼핑객들의 모습을 그림에 표현했어요. 모자 상점에서 모자를 고르는 여성 쇼핑객들을 묘사한 이 작품도 시대상을 그림에 재현하고 싶은 드가의 욕구를 반영합니다. 소설가 에드몽 드 공쿠르는 근대 생활을 묘사한 화가 중에서 드가를 가장 높이 평가했어요. 그

드가의 자화상

는 1874년 2월 13일자 일기에 다음과 같이 적습니다.

"나는 어제 드가라는 아주 독특한 화가의 작업실을 방문했다. 전방위에 걸친 무모한 시도와 실험, 실패를 겪은 후 그는 지금 근대 생활을 묘사하는 일에 빠져 있다……. 그는 지금껏 동시대의 삶을 묘사한 화가들 중에서 시대 정신을 가장 탁월하게 표현한 화가다."

교수님은 19세기 말 파리 시민들의 소비 심리를 재현한 드가의 그림을 보면서 어떤 느낌을 받으셨어요? 물론 명화를 경제적 관점에서 보셨을 테지만요. 경제 이야기를 듣고 싶네요.

이 그림을 감상하면서 여성 이야기를 빼놓으면 그야말로 수박 겉핥기식이 될 듯합니다. 흔히 경제에서 여성은 소비 주도 계층으로 분류되지요. 특히 명품과 사치품의 경우 남성보다는 여성이 압도적으로 많은 소비를 합니다.

아무래도 아름다움에 대한 본능적인 욕구 때문이겠지요. 아이러니하게도 아름다운 여성을 선호하는 것이 남성이니 소비 욕구를 유발하는 원인은 아무래도 남성의 몫으로 돌려지겠네요.

경제에서는 드가처럼 특정 분야에 집중하는 것을 '전문화'라고 말하지요. 기업은 여러 제품을 생산하지 않고 특정 부문의 소수 제품만을 공급하여 성공을 거두는 전문화 전략을 많이 활용합니다. 물론 여러 제품을 동시에 생산하는 다각화 전략도 구사하지요. 예를 들어 맥도널드와 KFC는 몇 종의 패스트푸드와 스낵을 전문화하여 세계적인 대기업으로 성공을 거둔 기업입니다. 반면 GE는 전등을 시작으로 비행기 엔진, 발전기, 영화, 방송에까지 이르는 수많은 종류의 제품과 서비스를 제공하는 다각화 기업이지요.

두 전략이 모두 장단점이 있습니다만 드가처럼 유독 모자를 전문화하여 성공하려면 몇 가지 조건과 전략이 필요할 듯하네요. 전문화를 추구하는 기업은 우선 가격 상승에도 불구하고 그 제품만을 고집하는 소비자를 확보해야만 합니다. 그러려면 당연히 품질의 우위는 기본이며 다른 제품과의 차별성도 있어야겠지요. 여성들이 애용하는 화장품을 보세요. 가격이 비싸도 특정 브랜드를 고집하는 여성들이 많잖아요. 랑콤이나 샤넬 등 나름대로 사용하는 화장품의 브랜드를 쉽게 바꾸지 못하는 것은 그만큼 그 제품의 품질과 차별성을 인정한다는 의미지요. 기업 입장에서 보면 특화에 성공한 셈이고요. 또한 한 제품의 생산량을 증가시킬수록 제품 하나를 생산하는 데 드는 비용도 절감되는 규모의 경제가 나타나지요.

이 같은 현상은 이미 언급했던 탄력성으로도 설명이 가능합니다. 가격 변화에 관계없이 충성도가 높은 소비자를 보유하고 있으니 가격탄력성이 낮다고 할 수 있겠어요. 아마 드가의 모자 그림에도 다른 화가가 흉내낼 수 없는 그 무

차별화에 성공한 유명 브랜드 화장품 | 포토그래퍼 이기현

엇이 숨어 있지 않겠습니까? 실크, 깃털, 리본, 밀짚은 물론 질감과 색상에 이르기까지 드가만이 표현할 수 있는 고유의 차별성이 모자에 담겨 있었던 것이지요. 이것이 바로 전문화와 차별화의 성공 요건이지요. 당시에는 귀족의 상징이 모자였기 때문에 부의 특권을 과시하고 싶은 귀족들은 특이한 모자 그림에 열광할 수밖에 없었겠지요. 그림은 가격이 오른다고 공급이 늘어나지도 않으니 가히 드가의 열풍을 짐작하고도 남겠어요.

관장님, 저는 이 그림에서 전문화뿐만 아니라 '시장'을 발견했습니다. 갑자기 무슨 이야기냐고요? 글쎄요, 그렇다면 작품 속에 등장하는 쇼핑객들과 진열대의 상품들을 보세요? 당시 경제가 얼마나 발전했는지 한눈에 읽을 수 있지 않나요? 한마디로 이 작품은 산업혁명 이후 본격적으로 등장한 시장을 묘사했다고 생각할 수 있습니다.

이 작품처럼 시장에 다양한 공산품이 등장하는 것은 산업 사회로 발전하는 중요한 지표가 됩니다. '시장'하면 경제학자들은 굉장히 할말이 많아지지요. 경제학자들이 가장 많이 쓰는 용어가 바로 '시장'일 테니까요. 따지고 보면 경제학은 시장을 분석하는 학문입니다. 좁은 의미의 시장은 동대문시장, 남대문시장과 같

지역의 개념을 가진 남대문시장

이 공간으로 구분되는 시장을 말합니다. 그러나 좀더 이론적으로 설명하면 수요자와 공급자 사이에 상품과 서비스의 매매, 유통, 교환이 이루어지는 곳을 의미합니다. 어때요, 지역의 개념을 훨씬 뛰어넘는 광의의 의미를 담고 있지요. 그렇게 보면 인터넷 거래가 이루어지는 사이버 공간 역시 좋은 시장인 셈이죠.

관장님, 혹시 인상주의 그림 중 시장을 묘사한 작품이 있을까요?

네. 피사로의 작품 중 시장 풍경을 묘사한 그림이 있습니다.

그림은 퐁투아즈라는 시골 읍내의 시장 풍경을 그린 것입니다. 퐁투아즈는 파리에서 30킬로미터 떨어진 곳에 위치한 작은 마을인데, '파리의 채소밭'으로 불릴 만큼 유명한 농작물 생산지였어요. 운하, 수로, 철도, 도로 등의 수송 수단을 이용해 파리에 농산물을 공급하면서 농업이 발전했습니다. 대도시에 농작물을 공급하는 생산지답게 퐁투아즈 농산물 시장은 활기로 가득 찼어요.

피사로는 소박하면서 활력이 넘치는 마을 분위기에 매료되어 10년 동안 이곳에 살면서 시골 주민들의 일상을 화폭에 표현했어요. 그가 특히 관심을 가진 주제는 장터였어요. 그는 시장에 흥미를 느낀 나머지 평생 동안 시장을 주제로 삼았어요. 피사로가 장터에 마음이 끌린 것은 소규모 농장주, 채소 재배업자, 손수 기른 농작물을 팔러 나온 농사꾼, 가정부, 파리에서 장보러 나온 부르주아들로 붐비는 시장이야말로 진정한 삶의 현장이라고 느꼈기 때문입니다. 피사로는 도시민의 향수를 자극하는 시골풍 그림과는 차별화된 그만의 농촌 그림을 그리고 싶었어요. 인상주의자들이 도시민의 일상을 스냅 사진처럼 그림에 표현하듯 그는 시골 주민들의 일상을 예리하게 관찰한 후 인상주의 기법으로 묘사합니다. 그

카미유 피사로 | 〈퐁투아즈 시장〉

는 자신이 창조한 피사로표 농촌화를 '시골의 진정한 시'라고 부를 정도로 자부심을 가졌어요. 동료 화가들도 감상을 철저히 배제한 채 농촌의 실상을 사실적으로 표현한 점을 높이 평가한 나머지 피사로에게 교외사실주의라는 이름을 선물했습니다. 또 소설가 에밀 졸라도 현대적인 시골풍경화라는 찬사를 보냈어요. 피사로는 소수의 엘리트를 위한 미술 대신 대중과 소통하는 그림을 그리고 싶은 갈망을 품었어요. 아름다움이란 가장 소박한 행위 속에 깃들여 있다는 것, 평범한 사람들의 일상도 얼마든지 미술의 주제가 될 수 있다는 것을 보여주고 싶었어요. 이런 신념을 가졌기에 "다른 사람들이 미처 보지 못한 작고 소박한 부분에서 아름다움을 발견할 수 있는 사람은 얼마나 행복한가"라고 얘기한 것이지요.

교수님, 평소 궁금한 점이 있었는데 이 기회에 여쭤보고 싶어요. 과연 시장은 어떤 원리에 의해 움직이나요?

관장님, 경제를 제대로 이해하려면 먼저 시장을 알아야 합니다. 그렇기에 우선 시장의 종류부터 설명하겠어요. 시장은 특성에 따라 몇 가지로 구별됩니다.

공급자가 하나뿐인 시장은 독점 시장이라 부르고, 공급자와 수요자가 수없이 많은 시장은 완전 경쟁 시장이라고 합니다. 피사로의 그림에 살아 있는 퐁투아즈의 시장은 전형적인 완전 경쟁 시장에 속합니다. 농산물은 일일이 생산자를 열거할 수 없을 정도로 공급자가 많기 때문이지요. 반면, 생산자가 소수 몇 명인 경우에는 과점 시장이라 합니다. 생산자는 많은데 각각 차별화된 제품을 공급하는 경우에는 독점적 경쟁 시장이라 합니다.

화장품 시장이 대표적인 독점적 경쟁 시장이고, 그림 매매 역시 여기에 해당

완전 경쟁 시장을 통해 유통되는 농산물 | 자료 제공 : 시공사 자료실

되겠군요. 많은 화가들이 드가처럼 특정 소재를 대상으로 차별화된 작품을 많이 공급한다면 독점적 경쟁 시장이 형성됩니다. 그러나 특정 화가가 그린 작품이 한 점 밖에 없고, 대체할 작품마저 마땅치 않다면 독점 시장으로 분류되겠지요. 즉 드가만이 모자 그림을 그린다면 모자 그림 시장에서 드가는 공급을 독점하는 셈입니다. 물론 대체할 수 있는 유사 그림이 많다면 독점 시장은 아니겠지요.

이러한 시장 구분과는 별개로 언론에서도 시장이라는 말을 사용하는 경우가 많지요. "정부가 부동산 투기를 억제하는 대책을 발표했는데 시장은 오히려 거꾸로 움직이고 있다." 여기에서 사용하는 시장은 시장에 참여하는 주체, 즉 소비자와 생산자를 의미합니다.

다음은 시장의 원리에 대해 설명드릴까 합니다. 시장에서는 거래를 통해 각 주체가 자신의 이익을 추구합니다. 소비자는 더 좋은 제품을 값싸게 구입하려 하고, 생산자는 생산비를 조금이라도 줄여서 이윤을 높이려 합니다. 가격이 높으면 생산자는 공급을 늘리고, 소비자는 소비를 줄입니다. 이것이 시장이 작동하는 기본 원리지요. 자신의 이익을 극대화하려는 인간의 기본 속성에서 비롯된 것이지요.

시장 경제란 시장의 이런 속성을 적극적으로 활용하여 경제를 효율적으로 운영하는 제도를 말합니다. 시장이 경쟁 상태를 유지한다면, 생산자는 경쟁에 이기기 위해 가장 효율적인 비용으로 최고의 품질을 달성하려 하고, 소비자는 여러 제품 중 값싸고 좋은 제품을 선택할 수 있겠지요. 가장 효율적인 결과를 가져오는 것이 시장 경제의 기본 원리인 것입니다. 따라서 '시장이 제대로 움직이지 않는다'는 말은 이 같은 기본 원리가 무너지고 있음을 의미하지요.

실제로 시장 경제는 특정한 기업인이나 도시 상류층에 의해 움직이는 것이 아니라 피사로의 그림에 나오는 평범한 대중들의 마음에 따라 움직인다고 하겠어요. 시장 경제의 틀을 처음 만든 애덤 스미스는 아침마다 빵가게에 가는 서민들을 통해 시장 경제의 핵심을 설파하고 있습니다.

"내가 아침마다 빵을 사는 것은 빵가게 주인을 위한 행동이 아니라 나 자신의 이익을 위해 값싸고 좋은 빵을 사는 것이다. 빵가게 주인 역시 남을 위해 파는 것이 아니라 자신의 이익을 위해 품질 좋은 빵을 값싸게 만들려고 한다."

사람들은 누구나 자신의 경제적 이익을 추구하려는 본능적 욕구를 갖고 있습니다. 시장에서 공정한 경쟁이 이루어진다면 시장 경제는 높은 효율성을 달성할 수 있습니다. 정부가 어떤 규제를 한다고 해도 평범한 사람들의 본능적 욕구마저 억제할 수 없기 때문에 시장을 거스르는 정책은 결코 성공할 수 없습니다. 그렇게 보면 정부의 정책도 평범한 서민들의 마음을 제대로 읽어야만 성과를 거둘 수 있는 것이지요.

최근에는 여러 분야에서 시장이 빠르게 확산되고 있는데요, 이를 반영하듯 경제학에서 가장 인기있는 분야 중 하나가 시장 디자인(market design)입니다. 혹자는 동대문시장을 어떻게 경제학자가 디자인하느냐고 실소할지 모르겠네요. 시장 디자인은 신제품의 판매나 경매의 기획 단계에서 성공적인 모델을 만드는 것을 말합니다.

인테리어 개념이 도입된 매장의 모습 | 자료 제공 : 시공사 자료실

그러나 최근에는 시장의 원리가 적용되는 분야가 사회 전반에 빠르게 확산되고 있습니다. 국방이나 경찰, 교도소의 운영에 이르기까지 시장을 도입하면 훨씬 효율적으로 운영될 수 있는 것입니다. 시장 디자인은 새롭게 시장을 도입하는 부분에 기구와 운영 방식, 성과 관리 등을 설계해주는 분야지요. 이 시장 디자인은 범죄와 마약의 예방, 교통 질서의 유지, 장기臟器 이식 등 수많은 분야에 빠르게 확산되고 있지요. 시장 기능은 이제 경제의 영역을 벗어나 사회, 문화, 예술 등 다양한 분야에 보편적으로 도입되는 경향이 있습니다.

핵심 경제 용어

전문화(Specialization)와 다각화(Diversification): 기업이 특정한 소수 품목에만 집중해 생산·판매하는 전략을 전문화라 하고, 여러 품목에 분산 투자·생산하는 것을 다각화 전략이라 한다. 전문화는 소수 품목을 대량 생산함에 따라 평균 생산비의 감소와 같은 생산성 증대 효과를 가져온다. 다각화는 여러 품목의 분산을 통해 시장의 불확실성에 대응하여 수익의 안정성을 높이는 효과를 기대할 수 있다. 몇 가지 메뉴의 패스트푸드로 성공한 맥도널드가 대표적인 전문화 기업이고, 수많은 산업에서 경쟁력을 확보하고 있는 GE가 다각화의 벤치마크가 되고 있다.

완전 경쟁 시장: 시장에 참여하는 공급자와 수요자의 수가 많고, 거래 상품이 모두 동질적이며, 자유롭게 시장에 진입하거나 퇴출할 수 있는 시장을 말한다. 이 시장에서는 소비자나 생산자가 완전한 정보를 갖고 있어야 한다. 대표적인 완전 경쟁 시장으로 농산물 시장을 들 수 있다.

독점 시장: 시장에서 공급자가 하나뿐인 경우를 말한다. 독점 시장에는 다른 상품으로 쉽게 대체할 만한 재화가 존재하지 않아 시장 가격을 공급자가 쉽게 조절할 수 있는 특징이 있다. 독점 시장에서는 소비자의 후생이 경쟁 시장보다 작고, 사회 전체의 후생 역시 줄어드는 결과를 가져온다.

규모의 경제(Economies of scale): 생산 규모를 확대함에 따라 제품 단위당 평균 생산비가 감소하는 현상을 말한다. 규모의 경제가 나타나는 원인은 분업을 통한 효율성의 증대와 원료의 대량 구입에 따른 비용 절감 때문이다. 자동차를 100대 생산하는 경우와 1만 대 생산하는 경우의 한 단위당 평균 비용을 비교해보면 규모의 경제는 분명해진다.

4
교역의 시대를 증언한
초상화

1532 | 한스 홀바인 | 〈게오르크 기체의 초상〉

정갑영 교수님, 이번에는 16세기 런던에 거주한 한자Hansa 상인들의 상거래 현황을 사진처럼 보여주는 초상화를 소개하겠어요.

초상화의 대가인 홀바인이 그린 것(P.59)인데요, 이 초상화가 걸작으로 평가받는 것은 예술성이 뛰어날 뿐 아니라 당시 한자 동맹 상인들의 상업 활동을 증명하는 소중한 자료가 되기 때문입니다.

초상화의 모델은 쾰른 출신의 상인 게오르크 기체예요. 기체는 런던에 있는 자신의 사무실에서 근사하게 그려지기를 바라는 마음으로 잔뜩 폼을 잡고 있어요. 초상화가 제작되던 시절 기체 나이는 서른네 살, 젊고 잘생긴데다 유능한 상인이었거든요. 교수님, 제가 모델의 나이와 직업, 거주지, 인생관, 사업 수완까지 족집게처럼 짚어내는 비결이 궁금하지 않으세요? 그림에 해답이 나와 있어요. 기체의 머리 뒤편 녹색 벽에 핀으로 고정시킨 쪽지를 보세요. 종이에는 라틴어가 적혀 있는데 뜻을 풀이하면 다음과 같아요.

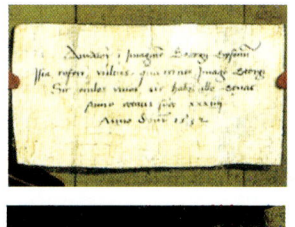

"이 초상화는 기체의 얼굴과 외양을 묘사한 것이다. 그의 눈빛과 뺨이 너무도 생생하지 않은가. 1532년 기체의 나이 서른네 살에."

이제 교수님도 모델의 이름은 기체이며, 그가 서른네 살이라는 사실을 아셨어요. 다음은 기체의 인생관입니다. 이번에는 모델의 뒤편 왼쪽 벽면을 유심히 살펴보세요.

나무 벽에 "슬픔 없이는 기쁨도 없다"는 글이

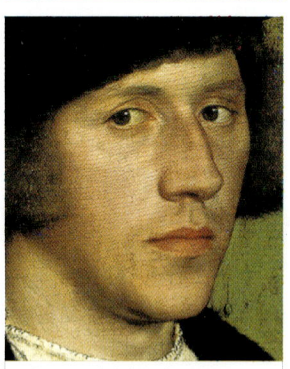

〈게오르크 기체의 초상〉 부분

새겨져 있습니다. 이 글은 기체의 좌우명입니다. 놀랍게도 기체는 30대 젊은이인데도 인생의 본질을 꿰뚫고 있어요. 인간의 삶에는 기쁨과 슬픔이 공존한다는 진리를 깨닫고 있으니까요. 저는 기체의 좌우명을 읽으면서 마치 그가 십년지기라도 되듯 친근하게 느껴졌어요. '아, 기체는 돈만 밝히는 천박한 상인이 아니었구나' 하는 믿음, 내공이 깊은 사람일 것이라는 확신이지요.

끝으로 그의 직업과 주소지를 알게 된 배경입니다. 기체가 두 손에 든 편지가 그의 신상 정보를 알려주는 열쇠입니다. 편지봉투에 이름과 상호, 런던 주소, 날짜, 발신인의 이름까지 죄다 적혀 있거든요. 이 편지는 독일에 사는 형제가 기체에게 보낸 편지인 듯싶어요. 수신인은 겉봉에 '영국 런던에 사는 나의 진실한 형제 게오르크 기체에게'라는 애정이 듬뿍 담긴 글을 적었거든요.

참, 오른쪽 벽에 걸린 어음 종이에서도 기체의 서명을 찾을 수 있습니다. 봉인과 잉크 스탠드, 장부, 동전, 선반에 걸린 금 저울도 그가 직업 의식이 투철한 상인임을 보

〈게오르크 기체의 초상〉 부분

교역의 시대를 증언한 초상화 61

증하지요. 그런데 보다 흥미로운 것은 기체가 유럽 최고의 초상화가로 명성을 떨친 홀바인 그림에 등장하기까지의 과정입니다. 당시 홀바인은 독일 상인 조합인 한자 동맹 런던 사무소가 위치한 스틸야드에 거주한 상인들의 사랑을 한몸에 받고 있었어요.

템스 강 요지에 자리한 스틸야드에는 한자 상인들의 회계 사무소와 창고, 상점들이 밀집해 있었어요. 상술이 뛰어난 한자 상인들은 상인다운 예리한 감각으로 독일 아우구스부르크 출신이면서 『우신예찬』의 저자 에라스무스의 추천장을 지닌 채 영국으로 건너와 초상화가로 활동한 홀바인의 재능을 한눈에 간파합니다. 상인들은 홀바인을 후원하기 위해 조합 회의실을 장식할 대형 그림들을 의뢰해요. 또 자신들의 초상화도 홀바인에게 주문합니다. 홀바인이 그린 한자 상인들의 초상화만도 10점이 넘어요. 이 초상화들은 미술사에서도 중요한 자료적 가치를 지닙니다. '스틸야드 초상화'라는 이름까지 얻었으니까요.

상인들이 일류 초상화가인 홀바인에게 초상화를 주문한 사실은 빅뉴스감입니다. 왜냐하면 르네상스 시대 초상화의 주요 고객은 군주와 귀족, 성직자 등 상류층이었거든요. 일개 상인들이 감히 특권층의 아성에 도전한 것은 그들의 위상이 과거에 비해 상상을 초월할 만큼 높아졌기 때문입니다. 하긴 당시 국제 무역에 종사한 상인들을 평범한 장사꾼이라고 얕볼 수는 없지요. 구멍가게 수준인 국내 상인들에 비해 스케일부터가 다르니까요.

큰돈을 벌겠다는 야망, 거액을 조달하는 능력, 광대한 육로와 망망대해를 제집처럼 드나드는 배짱, 최신 정보를 입수해서 국제 시장의 동향을 분석하고 파악하는 냉철한 판단력까지 요구되었어요. 즉 무역상들은 웅대한 포부와 야심, 불굴의 모험 정신을 지닌 진정한 글로벌인들이었지요. 특히 한자 상인의 경우 윤리

의식과 직업관은 상인들의 모범이 되었어요. 상인의 명예를 지키기 위한 엄격한 규율을 준수하는 한편 동료애도 돈독했으니까요.

하지만 상인들의 지위를 격상시키는 데 결정적인 역할을 또 한 가지 요인이 있었으니, 바로 지식입니다. 대외 무역 초기에는 상품을 들고 현장을 뛰던 상인들이 13세기에는 자신의 사무실에서 업무를 처리합니다. 상인들은 사무실에 들어앉게 되면서 글을 읽고 쓰는 능력이 필요하다는 사실을 절감합니다. 장부와 어음, 신용장, 계약서, 채권과 채무 관계 등을 모두 문서로 처리해야 했으니까요.

무식한 장사꾼에서 글을 아는 지식인으로 변신하면서 뜻밖의 현상이 벌어집니다. 명망가 자제들도 상인의 길을 선택해요. 심지어 상인들을 신흥 귀족으로 여기는 풍조까지 생깁니다. 돈과 야망, 모험심에 지식까지 겸비했으니 상인들의 콧대가 하늘만큼 높아질 밖에요.

당시 상인들의 자부심을 증명하는 사례가 있어요. 16세기 『동방개요』를 쓴 토메 피레스는 무역 상인들을 이렇게 추켜세웁니다.

"무역 없이는 세계가 움직이지 않는다. 왕국을 고귀하게 만들고 국민 삶의 질을 높이고 도시의 명성을 떨친 것은 바로 교역이다. 교황 바오로 2세도 자신이 상인 출신이라는 사실을 부끄럽게 여기지 않는다."

국가에 경제적 번영을 가져다준 애국자가 된 상인들은 자신들의 높아진 위상을 초상화를 통해 선전하고 싶은 충동을 느낍니다. 상인들 사이에 일류 화가들에게 초상화를 주문하는 유행이 번져요. 특권층이 독점한 일류 화가들을 뺏을 만큼 자신감이 생겼다는 증거지요.

교수님, 저는 기체의 초상화에서 상인의 강한 자부심을 느끼면서 감동을 받았는데요, 교수님은 어떠세요?

관장님 설명을 듣다 보니 저도 모르게 홀바인의 그림 속에 들어앉은 느낌을 받는군요. 이제 그림 밖으로 나와 홀바인의 그림에 얽힌 경제 이야기를 들려드려야겠어요.

놀랍게도 군주와 귀족이 지배하는 초상화 시장에 드디어 상인이 주인공으로 등장하는군요. 그것도 기체라는 서른네 살의 젊은 상인이 말입니다. 이는 경제

국제 무역의 물꼬를 튼 신대륙의 발견

사에 새롭게 등장한 큰 변화의 반영이라 볼 수 있겠어요. 그것이 무엇이냐고요? 바로 중상주의가 등장한 것이지요.

중상주의가 등장하기 전까지 세계 어디서나 상인은 그렇게 우대받는 계층이 아니었지요. 신학이 지배하던 중세시대에는 상거래에서 이윤을 남기는 것은 죄악이었기에 미개인이나 이방인만이 할 수 있는 직업이라 생각했습니다. 이슬람 전통에서는 아직도 금융 거래에 따르는 이자를 인정하지 않기 때문에 실제로 이자를 주면서도 배당을 준다고 표현하지요.

하지만 항해술이 발달하면서 이웃과 교역을 하고 새로운 기술의 발명으로 공산품의 공급이 늘어나면서 시장 거래가 활발하게 이루어집니다. 특히 국내에서 생산되지 않는 외국의 특산품을 수입해 판매하면 많은 이익을 남길 수 있다는 것이 알려지면서 국제 간 무역을 중시하는 중상주의가 등장하게 되었어요.

한마디로 중상주의는 상업을 중시하면서 외국과의 교역을 통해 국가를 부강하게 만들 수 있다고 생각하는 경제 사조입니다. 초기 상인들은 신 항해술에 힘입어 새로운 시장 탐색에 적극적이었고, 귀금속을 발견해 국내에 들여오는 경우도 있었기 때문에 당연히 부강한 나라를 만드는 전략의 하나로 무역이 자리잡게 된 것이지요. 그 당시 통화는 지폐 대신 금, 은 등과 같은 금속 화폐를 사용했습니다. 따라서 외국으로부터 벌어들인 금은보화는 바로 화폐를 대신할 수 있었어요. 따지고 보면 국가의 부 축적 전략으로 이것보다 더 좋은 것은 없었던 셈이죠.

그러나 유입되는 금과 은의 양이 너무 많아 인플레이션이 발생하기도 했습니다. 즉 화폐로 사용되던 금과 은이 많이 유입되면서 물가가 폭등하는 부작용이 발생한 것이죠. 예나 지금이나 통화가 많이 풀리면 물가가 상승하는 것은 엄연한 진리입니다. 그런데 당시 정부나 경제학자들은 이 현상을 정확히 이해하지 못했어요. 오로지 식민지로부터 금과 은을 많이 반입하는 것만이 국부國富를 증대시키는 것이라 믿었을 뿐, 이로 인해 물가가 상승할 수 있다는 논리는 간파하지 못했습니다.

경제학은 희소한 자원을 어떻게 활용해서 물질적으로 풍요로운 국가를 만들 수 있을지를 연구하는 학문입니다. 그런 점에서 중상주의는 식민지를 늘리고 해외 탐험을 많이 하고 정부 주도하에 수출을 많이 하는 것이 최선의 전략이라고 생각했던 것입니다. 1960~70년대 우리나라의 수출 주도 성장을 평가할 때 일종의 신중상주의 정책이었다고 말하기도 합니다.

어찌되었든 역사적 관점에서 중상주의를 보면 국민 경제에 가장 큰 영향을 미치는 중요 경제 주체로 기업인이 처음 등장하는 계기를 마련했다는 것에 의미가 있다고 하겠습니다.

여기서 잠깐 독자들에게 질문을 던져볼까 합니다. 중상주의 시절 상인들이 수많은 위험과 고통을 무릅쓰고 적극적으로 활동했던 이유는 무엇일까요? 그렇습니다, 바로 이윤을 얻기 위해서였겠지요. 그런 점에서 이윤의 의미를 정리하고 넘어가지 않을 수 없네요.

관장님은 기업이 많은 이윤을 창출하려고 하는 행위를 어떻게 생각하십니까? 일부에서는 기업이 자신의 이윤만을 추구한다고 비난하기도 하지요. 그렇다면 기업이 소비자에게 무조건 희생해 항상 적자가 누적된다면 어떻게 될까요? 당연히 부도가 나 쓰러질 것이고 그 기업의 부채는 어떤 형태로든 사회의 누군가에게 떠넘겨질 것입니다. 그러니 기업은 반드시 이익을 내서 생산과 투자 활동을 활발히 해야 하고, 고용을 창출해야만 하는 것입니다.

아, 그러면 기업의 이윤은 어느 정도 선이 적정한 것이냐고요? 이윤의 본질을 생각하면 의외로 답은 간단합니다. 이윤의 원천은 기업가가 위험을 부담한 대가가 되기도 하고, 독점 시장에서 소비자에게 턱없이 높은 가격으로 바가지를 씌운 경우도 해당될 수 있겠지요. 또한 일시적으로 시장에 불균형이 발생해 초과 수요가 나타나는 경우에도 이윤을 많이 남길 수 있습니다. 이 세 속성 중 사회적으로 비난받는 이윤은 바로 독점적 지위를 이용해 이윤을 확대시키는 경우입니다. 으레 상인이나 기업가는 수많은 모험을 감당하면서 새로운 수요를 창출하고 일시적으로 불균형이 되는 시장을 찾아 헤매곤 합니다.

한자 상인들이 홀바인을 발견한 것도 따지고 보면 기업인 특유의 감각이 발동한 것이고, 이는 종전에 없었던 새로운 시장을 찾은 것과 맥락을 같이하는 셈이지요. 즉 사람들은 필요로 하는데 아직 보급되지 않아 불균형을 초래하는 시장을 찾아 새로운 시장을 만드는 것이 상인들의 역할인 것입니다. 물론 그 시장이 반드시 성공한다는 보장은 없지요. 홀바인 역시 무명 화가로 사라질 수도 있었겠지요. 그럼에도 상인들은 이윤을 위해 모험을 감행하지 않나요? 이 모험의 대가를 사회적으로 비난한다면 그 누가 위험천만한 투자를 감행하겠습니까? 투자에는 항상 실패의 그림자가 따르는 법. 모험을 선호하는 사람이 아니면 굳이 누가 이 험난한 항해길을 나서려고 하겠어요?

투자가 없는 경제는 당연히 활성화될 수 없습니다. 기업은 투자를 할 때 항상 기회 비용을 고려합니다. 다른 곳에 투자할 때보다 과연 더 이익을 얻을 수 있나 고려하지요. 기업가는 때로 현재 이익보다는 미래의 불확실한 이익에 도전하는 경우도 많지요. 따라서 사회가 기업가나 상인의 도전을 인정해주지 않으면 시장 경제는 결코 발전할 수 없어요. 그 인정이 바로 '이윤'이라는 형태로 나타나는 것이고요.

이윤을 내는 상인이 등장하면서 새로운 자본을 가진 계층이 등장했습니다. 관장님 말씀대로 상인들은 조합을 만들어 자신들의 이익을 보호하고 도제徒弟 제도를 만들어 기술을 전수하면서 명예와 규율을 준수하는 문화를 만들어나가지요. 상인을 천시하는 관습 속에서 새로운 계층으로 등장했기 때문에 당연히 초기에는 규율이 엄격했다고 하네요.

초기 자본주의는 청교도 윤리에 바탕을 두어 현대에도 귀감이 되는 경우가 많습니다. 유대인들은 부지런하면 누구나 물질적으로 풍요해질 수 있기 때문에 가난은 죄악이라고 가르쳤습니다. 사회적으로 가치 있는 일을 한 대가로 돈을 버는 것은 그들에게 당연한 의무였습니다. 소명 의식(직업은 하나님의 부름을 받은 것)을 부여한 셈이지요. 따라서 시장 경제는 자율적인 경쟁을 통해 모든 경제 주체가 자신의 이익을 추구하면 효율적으로 운용될 수 있지만, 그 밑바탕에는 사회적으로 가치 있는 일을 해야 한다는 윤리 의식이 뒷받침되어야만 건전한 자본주의로 발전할 수 있는 것이지요.

곰곰이 생각해보니 『동방개요』는 21세기에 더욱 찬란하게 빛을 본 셈이네요. "무역 없이는 세계가 움직이지 않는다"는 표현이 지금처럼 잘 들어맞기는 힘들 테니까요. 국경 없는 경제, 글로벌 경제, 세계가 하나로 통합된 경제 등 이 모두는 이미 홀바인의 상인 초상화가 등장할 때부터 시작된 시대적 변화였습니다. 당시 교황마저도 상인 출신임을 부끄럽게 여기지 않은 걸 보면 중세 이후 상인을 천시했던 종교적 전통도 무너진 셈이고요.

내친 김에 최근 우리 경제에서 무역이 얼마나 큰 비중을 차지하는지 살펴볼

〈게오르크 기체의 초상〉 부분

까요? 개방의 정도를 나타내는 지표로 활용되는 무역의존도라는 수치가 있습니다. 수출과 수입을 합한 것을 국내총생산으로 나눈 비율이 무역의존도가 되는데 전체에서 무려 70퍼센트나 차지합니다. 무역 없이는 우리 경제도 꼼짝할 수 없음을 단적으로 보여주는 예지요.

관장님, 혹시 기체의 초상화 속 사물들 중 상인들의 신분 상승을 증명하는 것이 있다면 설명해주시겠어요?

네, 기체의 초상화를 자세히 살펴보면(P.69) 당시 상인들의 신분이 격상된 사실을 확인할 수 있습니다. 기체는 성공한 상인답게 최신 유행에 민감합니다. 장밋빛 수입산 비단옷과 하얀 고급 셔츠를 입었어요.

또 그가 사치스런 물건들을 수집하는 고급 취향도 가졌다는 것을 알 수 있습니다. 탁자에 깔린 러그는 동방에서 수입한 아나톨리아산 러그입니다. 이 러그는 당시 상류층 사람들의 구매 1순위 인기 상품이었어요. 아나톨리아산 러그만 깔면 평범한 실내도 단숨에 호사스럽게 변하는 깜짝 효과를 연출할 수 있었으니까요. 게다가 휴대하기도 편해 예술품을 능가하는 인기를 누렸어요. 사람들은 결혼식에 참석할 때, 친지나 지인을 방문할 때 러그를 필수품으로 챙겨갈 정도였습니다. 탁자 왼편에 놓인 카네이션과 로즈메리, 우슬초가 꽂힌 꽃병도 최고의 사치품입니다. 최상급 거울과 유리만을 생산했던 베네치아산 꽃병이거든요.

기체는 자신의 경제력을 뽐내기 위해 선반에 황금 저울(당시에는 금은의 함량을 저울에 달아서 거래했음)을 걸어두었습니다. 또한 기체는 자신이 부유한 상인일 뿐 아니라 사업 수완도 뛰어난 것을 초상화를 통해 드러냅니다. 실내에 사업상 필요한 물건들을 잔뜩 늘어놓았어요. 북 모양의 탁상시계, 봉인이 달린 길고 가

느다란 양피지, 인장, 열쇠, 어음, 장부 일지, 깃펜, 모래 상자, 동전, 가위 등이 바로 그것이지요. 기체의 호화로운 복장과 사치품, 다양한 사무용품들은 소유자의 부와 직업적인 자부심을 보여 줍니다.

교수님, 앞서 기체의 초상화는 르네상스 시대 한자 상인들의 상거래를 보여주는 중요한 기록물인 동시에 미술

한스 홀바인 | 〈니콜라우스 크라처의 초상〉

사적 가치가 뛰어다는 점을 말씀드렸어요. 한 가지를 덧붙이고 싶은데 이 초상화는 직업초상화라는 점입니다. 홀바인은 직업초상화를 창안한 화가예요. 직업초상화란 모델의 외양뿐 아니라 신분과 직업, 업적, 성격, 지위, 생활상을 나타내는 사물들을 인물과 함께 묘사한 그림을 말해요. 초상화에 표현된 다양한 물건들은 인물만큼 중요하게 다뤄지고 심지어 모델과 대등한 지위를 갖습니다. 홀바인은 직업초상화를 창안한 시조답게 소도구를 활용하는 능력이 탁월합니다. 위의 그림을 보세요. 모델의 표정과 동작, 의상을 사진처럼 정교하게 묘사하는 능력도 뛰어나지만 물건들을 아주 공들여 그렸어요. 그 덕분에 모델의 직업을 금세 눈치챌 수 있습니다.

왜냐하면 과학 기구를 만지면서 작업에 몰두한 사람은 영국의 천문 기구 제작자인 니콜라우스 크라처거든요. 크라처는 헨리 8세의 궁정 천문학자이면서 국제 무역에 종사한 상인이었어요. 그는 항해를 위한 나침반이 달린 이동식 다면 해시계를 만드는 등 여러 가지 과학 기구를 제작해서 명성을 떨쳤어요. 영국 햄

프턴 궁에는 아직도 크라처가 설계한 천체 시계가 남아 있습니다. 크라처도 부유한 한자 상인들의 후원을 받는 처지였기에 두 사람은 친분이 두터울 수밖에 없었어요. 홀바인의 또 다른 걸작 〈대사들〉에는 천문 기구가 등장하는데 이 기구들도 크라처가 빌려준 것이지요. 하긴 홀바인이 크라처와 친한 사이가 아니라면 그의 직업과 신분을 드러내는 사물들을 저토록 성의껏 묘사할 수 없었겠지요.

교수님, 이제 기체의 초상화가 왜 초상화의 백미로 손꼽히는지 이해할 수 있으실 거예요. 당대 최고의 초상화가인 홀바인이 신이 내린 재능을 발휘해 상인의 외양과 성격, 정체성, 경력, 자긍심까지 정밀하게 묘사했기에 명작의 대접을 받는 것입니다.

참으로 대단하군요. 초상화 속에 당시 중상주의를 뒷받침했던 과학 기술의 흔적도 이렇게 숨을 쉬고 있었군요. 국가 간의 상거래를 위해 필수적이었던 도구, 즉 나침반, 해시계, 황금 저울 등도 그 당시에 발명되었군요.

아니나다를까 경제사적으로 보더라도 신 경제 사조가 등장할 때면 으레 새로운 발명이 변화를 주도했습니다. 중상주의의 등장도 항해술의 발달, 신대륙의 발견, 상거래 기술의 발달에 빚을 진 셈이지요.

관장님, 명화로 이렇듯 많은 경제 이야기를 나눌 수 있다는 것이 놀라울 따름이군요. 다음은 어떤 작품으로 우리의 눈과 귀를 또 즐겁게 해주실지 벌써부터 기대가 되는데요. 자, 다음 이야기로 넘어가볼까요?

핵심 경제 용어

중상주의: 15세기부터 18세기 후반에 걸쳐 상업을 중시하면서 외국과의 교역을 통한 국가의 부강을 주창한 경제 사상이다. 완제품의 수입을 금지 또는 제한하고 국내 상품의 수출을 장려하는 등 보호 무역 정책을 시행했다. 현대에도 보호 무역과 수출 장려를 추진하는 정책을 신중상주의라 부른다.

이윤: 총수입에서 총비용을 공제한 값이다. 이윤의 극대화는 한계 비용과 한계 수입이 일치하는 생산량에서 결정된다. 1단위를 추가적으로 생산하는 비용(한계 비용)이 2만 원이고, 추가적으로 기대되는 수입(한계 수입)이 2만 5,000원이라면 당연히 추가로 1단위를 생산해 5,000원의 이윤을 늘릴 수 있다. 그러나 한계 수입이 한계 비용보다 적다면 추가 생산으로 인해 이윤은 감소한다. 따라서 이윤의 극대화는 한계 수입과 한계 비용이 일치하는 점에서 결정된다. 이윤은 위험 부담(risk taking)에 대한 대가나 시장의 불균형 또는 독과점에 의해 발생한다.

인플레이션 Inflation: 물가 수준이 지속적으로 상승하는 현상을 말한다. 통화량이 많아지면 수요가 늘어 인플레이션이 발생하고, 원재료의 가격이 상승하면 생산비가 올라 인플레이션이 발생한다. 자산 가격이 전반적으로 상승하는 자산 인플레이션이 발생하면 자산 보유자의 부가 상대적으로 증가해 분배가 왜곡되는 현상이 나타난다.

기회 비용(Opportunity costs): 어떤 대안을 선택할 때 그 선택으로 인해 포기해야 하는 비용을 말한다. 100만 원을 소비할 때의 기회 비용은 같은 금액을 쓰지 않고 얻을 수 있었던 수익에 해당된다. 경제적 선택에는 항상 포기해야 하는 비용이 잠재적으로 발생하므로 기회 비용을 줄이는 선택이 합리적이다. 수학 공부에 집중해 영어 성적이 낮아졌다면, 이 역시 수학 공부에 따른 기회 비용에 해당된다. 마찬가지로 대학 진학에 따른 기회 비용을 생각한다면 대학을 진학하지 않고 그 기간 동안 일했을 때 얻을 수 있는 소득의 총합이 될 것이다.

5
미술품 투자의 달인 '곰의 가죽'

1905 파블로 피카소 │ 〈곡예사 가족〉

정갑영 교수님, 요즘 한국 미술계의 화제는 단연 미술품 투자 열풍에 관한 것입니다. 뭉칫돈이 미술 시장으로 몰려들면서 행여 투기로 번지지 않을까 우려의 눈길을 보내는 미술인들이 많아요. 하지만 미술 시장에 돈이 몰리는 현상을 무조건 나쁘게 볼 수만은 없겠지요.

예술가들의 창작혼을 갉아먹는 만성적인 생활고를 해결할 수 있을 뿐더러 재능이 뛰어난 예비 미술가들에게는 예술가의 길을 가도록 만드는 자극제가 될 테니까요. 하지만 문제는 극소수의 예술가들만이 미술품 투자 열풍의 혜택을 받고 있다는 점입니다. 인기 작가의 작품만 팔리면서 대다수의 미술가들은 예전보다 작품이 팔리지 않는다고 울상을 짓습니다. 소외감을 느낀 작가들 중에는 창작 의욕까지 꺾인다고 울분을 토하기도 합니다. 유일한 해결책은 예술성이 뛰어난 작가, 미술사에 기록될 작가를 발굴해서 과감히 투자하는 것인데요, 그런 의미에서 이번 시간에는 미술품 투자가들의 귀가 번쩍 뜨일 성공 사례를 준비했습니다. 현대 미술품 투자사에 전설이 된 '곰의 가죽'의 짜릿한 성공담입니다.

아트 펀드의 원조격인 '곰의 가죽'은 1904년 2월 24일, 13명(그중 2명은 한 팀을 이루어 투표권은 11개임)의 프랑스 아마추어 수집가들이 설립한 미니 미술품 투자 조합을 말합니다. 곰의 가죽이란 독특한 이름은 라 퐁텐의 우화에서 빌려왔어요. '곰의 가죽'은 설립 동기부터가 한편의 흥미진진한 드라마입니다. 자신들이 조합을 결성한 목적은 일종의 투기라는 사실을 터놓고 밝혔으니까요. 회원들은 매년 1월, 250프랑을 갹출해서 모은 종자돈 2,750프랑을 가지고 미술품을 사서 정확히 10년 후에 되팔아 이윤을 남긴다는 기발한 목표를 세웠습니다. 비록 미니 조합이지만 설립 약관을 만들고 협회 목적과 규칙, 의무 조항 등을 꼼꼼히 명시했어요. 회원들에게는 구매한 그림을 집에 걸어두고 감상하는 특혜를 주었습니다. 현대 미술사에 초유인 아트 펀드가 결성된 것은 전적으로 회장인 앙드레 르벨의 공적입니다. 왜냐하면 마르세유 선박 회사 부장 르벨은 현대 미술품이 황금알을 낳는 거위가 될 것을 예견하고 미술품 재테크에 관심을 보이는 가족과 친지들을 반강제로 회원으로 끌어들였거든요.

당연히 미술품을 수집하는 막중한 임무는 회장 르벨이 맡았습니다. 물론 회원들의 동의를 얻어야 한다는 형식적인 조건을 달았지만 그는 전권을 행사했어요. 그런데 르벨의 컬렉션 수집 방식이 상상을 초월해요. 전문 화상들도 꺼려한, 헐값에도 팔리지 않던 실험적이고 파격적인 신진 작가들의 작품에 대담하게 투자하거든요. 게다가 선택과 집중입니다. 선택과 집중이란 블루칩이 될 가능성이 높은 예술가의 작품들을 선별해서 집중적으로 사는 것을 말하지요.

르벨이 가장 눈독을 들인 화가는 피카소였어요. 피카소가 현대 미술의 제왕이 될 것을 확신한 그는 1906년에 1년 예산의 대부분을 피카소의 그림에 투자합니다. 회원들은 당연히 볼멘소리를 했어요. 자신들은 투자가이지 후원자가 아니라는 뜻이지요. 그러나 르벨은 반성은커녕 한술 더 뜹니다. 1908년에는 회원들의 결사 반대에도 불구하고 피카소의 〈곡예사의 가족〉(P.75)을 1,000프랑에 구입하지요. 청년 피카소가 조국 스페인을 떠나 파리에 정착한 후 예술가의 꿈을 키우던 시절에 그린 이 그림이 걸작이라는 것을 한눈에 간파했거든요.

하지만 현대 미술에 까막눈인 회원들은 르벨이 한 해 예산을 특정 화가에게 쏟아 부은 것을 빌미 삼아 회장의 독단적인 수집 방식에 강력하게 항의합니다. 하마터면 조합이 해체될 뻔했어요. 하지만 르벨은 기가 죽기는커녕 오히려 기세등등하지요. 10년이 넘도록 화랑가를 발로 뛰면서 미술에 대한 안목을 키우고,

화상들과 인맥을 쌓고, 작가의 작업실을 방문하는 등 미술품 투자의 기본 수업을 철저히 받았다고 확신했거든요.

르벨이 자신감을 가진 또 한 가지 이유가 있어요. 당시 미술품 감식안이 뛰어나기로 명성이 자자한 거물급 컬렉터인 리오와 거트루트 스타인 남매, 러시아 출신의 대형 컬렉터인 세르게이 슈우킨이 피카소를 점찍은 후 그의 작품을 집중적으로 수집하고 있었거든요.

르벨은 조만간 피카소의 그림값이 급등할 것을 예감합니다. 르벨이 피카소 다음으로 눈독을 들인 화가는 마티스입니다. 그는 마티스의 작품을 수집하는 한편 현대 미술사를 화려하게 수놓은 드랭, 반 동겐, 루오, 라울 뒤피, 마르케, 블라멩크 등의 작품도 컬렉션하지요. 르벨의 안목은 정말 대단해요. 파리에 현대 미술을 취급하는 화랑이 몇 개 없던 시절에 오직 직관력만으로 알토란 같은 작품들을 족집게처럼 골라냈으니 말입니다.

그러나 드라마의 절정은 이제부터입니다. 흥행사인 르벨의 과감한 투자 방식은 분에 넘치는 보상을 받아요. 10년 후 기적이 일어납니다. '곰의 가죽'은 10년간의 투자 기한이 끝난 1914년 3월 3일, 파리 시립 경매장에서 그동안 수집한 미술품을 경매에 붙였는데 무려 54명 작가의 작품 145점이 낙찰되었어요. 총판매액은 11만 6,545프랑이었습니다. 더욱 놀라운 것은 대부분의 낙찰 작품이 미술시장에서 천덕꾸러기 취급을 받던 20세기 전위 작품이라는 점입니다.

피카소는 12점, 마티스는 10점이나 팔렸어요. 물론 경매 최고 스타는 피카소의 걸작 〈곡예사 가족〉이었지요. 르벨이 구입한 가격의 13배에 달하는 1만 2,650프랑에 낙찰되었으니까요. 그날 경매에서 '곰의 가죽'은 10년 동안 투자한 총 2만 7,500프랑의 네 배에 달하는 11만 6,545프랑의 매출액을 기록했어요. 모든 경비를 제하고도 6만 3,207프랑의 순익을 남겼어요. 전위적인 미술을 지원하던 예술가, 평론가들은 경매장에서 일제히 환호성을 질렀어요. 그들이 흥분한 것은 당연한 일이지요. 전위적인 작품도 투자 가치가 있다는 사실을 '곰의 가죽'이 생생하게 증명했으니까요. 현대 미술품이 큰 수익을 남겼다는 기사가 프랑스 전 언론에 대대적으로 보도되면서 대중들은 피카소와 마티스의 이름을 처음으로 기억하게 됩니다. 심지어 미국의 《해럴드》지에도 경매 소식이 실렸어요.

보다 감동적인 것은 '곰의 가죽'은 경비를 제외한 경매 이익금의 20퍼센트를 해당 작가들에게, 나머지는 제1차 세계대전 중 경제난에 시달리는 예술가와 미망인들을 지원하는 데 사용한 것입니다. 르벨이 조합을 결성한 진짜 목적은 투기가 아닌 현대 미술품에 투자해도 이윤을 남길 수 있다는 사례를 보여주고 싶었다는 것임을 알 수 있습니다. 곰의 가죽은 아름다운 전설을 남기고 1913년 해체됩니다.

한편의 드라마 같은 '곰의 가죽'의 성공담은 화상과 컬렉터들을 자극해 현대 미술품 투자 열풍을 일으켜요. 피카소와 마티스 등 현대 예술가들의 작품 값도 덩달아 올라갑니다. 미

'곰의 가죽' 경매를 통해 대중에게 알려진 마티스

술품 사냥꾼들의 예술 같은 재테크가 애물단지인 현대 미술을 매력적인 투자 대상으로 변모시킨 것이지요.

이제 보니 '곰의 가죽' 같은 미술 사모 펀드가 아주 일찍부터 등장했군요. '곰의 가죽'이라, 이름부터 아주 독특한 것이 한번 들으면 잘 잊어지지 않겠어요. 관장님의 설명처럼 명화는 대체로 경매를 통해 가격이 결정됩니다.

지금이야 경매가 아주 일반화되었지만 1700년대만 해도 매우 생소한 매매 방식이었습니다. 경매에 첫 물꼬를 튼 사람은 새뮤얼 베이커S. Baker 라는 인물이었습니다. 그는 도서관의 서고 정리로 폐기되는 책들도 주인만 잘 만나면 비싼 값에 팔 수 있겠다고 생각했어요. 그래서 존 스탠리 J. Stanley 경 도서관에서 버려진 수백 권의 고전들을 대상으로 첫 경매를 시도했지요.

놀랍게도 이것이 오늘날 소더비Sotherby 경매의 첫 출발이 되었습니다. 물론 그 역사적인 첫 경매에서는 겨우 200파운드의 매상을 올렸지만 현재 소더비 경매 회사는 연간 30억 달러를 훨씬 웃도는 매출을 기록하고 있다니 그의 발상이 후세에 빛을 발한 셈이지요.

경제학에서는 경매가 가장 효율적인 거래 방법이라고 얘기합니다. 일반 시장의 거래는 그렇지 않은 경우가 많기 때문이지요. 예를 들어 볼까요. 백화점에 진열된 스카프의 거래 가격이 10만 원이라고 가정해봅시다. 이 경우 백화점을 찾는 모든 사람들은 10만 원에 그 상품을 거래하게 되겠지요. 물론 수요자 중에는 10만 원을 지불하고서라도 상품을 구입하고 싶어 하는 사람도 있겠지만 8만 원 정도가 적당하다고 생각하는 사람도 있을 것입니다. 반면 12만 원을 주고서라도 사고 싶은 사람도 있을 겁니다. 이 스카프를 경매에 부쳤다면 가장 높은 가격인 12만 원에 낙찰되었겠지요. 이렇듯 경매 과정에서는 수요자가 지불할 용의가 있는 가격들을 한눈에 알 수 있고, 가장 높은 가격을 제시한 수요자에게 행운이 돌아가게 됩니다.

그런데 경제학자들의 이채로운 분석이 눈에 띕니다. 경매가 단순한 행운이 아닌 경우도 있다는 걸 일깨워주었으니까요. 경매장에서는 치열한 경쟁 때문에 자신도 모르게 흥분하는 경우가 많아요. 묘한 경쟁 심리 때문에 제아무리 가격이 높아도 꼭 사고 말겠다는 수요자가 등장하게 마련이고요. 그 결과 때로는 '터무니없이' 비싼 가격에 낙찰 받는 경우가 생겨납니다.

그렇다면 과연 얼마까지 올라가야 터무니없이 높은 가격일까요? 당연히 낙찰자는 그렇게 생각하지 않겠지만 시간이 흘러 시장에서 그 재화나 그림에 대한 평가가 낙찰 가격보다 현저히 낮아진다면 결국 낙찰자는 손해를 볼 수밖에 없습니다. 이런 현상을 승자의 저주(winner's curse)라고 합니다. 비록 치열한 경매 과

가장 효율적인 거래 방법인 경매의 모습 | 자료 제공 : 시공사 자료실

정에서 승리는 했지만 경제적으로는 손실을 감당해야 하는 저주를 받은 셈이니까요. 그림의 경우는 세계에서 유일한 것이기 때문에 승자의 저주로 추락하는 데드라인을 쉽게 구별할 수 없을 것입니다.

반면 공공 사업에서는 승자의 저주가 심심찮게 나타납니다. 승자의 저주라는 어원에도 그 예가 숨어 있어요. 원래 이 용어는 네덜란드에서 석유가 생산되는 지역의 채굴권을 경매로 매각하는 과정에서 나왔어요. 유전의 본질적 가치는 1,200억 원인데, 많은 업체의 경쟁으로 한 기업이 3,000억 원에 낙찰 받았다고 가정해봅시다. 당연히 승리를 거머쥔 기업은 실제 개발을 위해 유전 지대를 정밀 실사하겠지요. 하지만 웬걸요, 뚜껑을 열고 보니 매장량도 신통치 않고, 채굴 비용도 너무 비싸 채산성이 떨어진다는 결과를 얻고 말았어요. 생산할수록 손해를 본다는데 어떤 기업이 개발을 하려고 하겠습니까. 당연히 이 유전은 오랫동안 개발이 되지 않고 그대로 방치되겠지요. 승자의 기쁨에 흠뻑 취했던 기업은 한순간에 저주의 고통에 시달려야 할 것이고, 이 유전에서 값싼 석유를 제공받지 못한 소비자들 역시 승자의 저주가 내린 것은 마찬가지입니다. 지금도 통신 서비스, 전력, 철도 등 세계 여러 곳의 공공 사업 경매에서 승자의 저주가 미소짓곤 합니다.

르벨이 비록 투기 목적으로 작품을 모았다지만, 이를 통해 얻은 고수익을 좋은 목적에 사용했다니 미술품을 대상으로 하는 사람들은 뭔가 다르기는 다른 것 같습니다. 하지만 경제적 관점에서 르벨의 미술품 투기는 높은 점수를 얻을 수 있을까요? 결론부터 이야기하면 위험천만한 모험이었다고 말할 수 있겠어요. 다행히 선택과 집중이 성공해 네 배의 수익을 거둘 수 있었지만 실패했다고 가정하면 모든 걸 잃어버릴 수 있는 비극적 결과도 충분히 상상할 수 있을 테니까요. 증권 시장에서도 선택과 집중을 경계합니다. 속된말로 깡통 찰 위험성이 매우 높다는 것이죠.

경제학에서는 합리적인 투자 행태를 권고합니다. 합리성의 원칙을 따르면 투기마저도 투자가 될 수 있습니다. 말이 나온 김에 합리성을 짚고 넘어가야겠네요. 미술품에서는 예술성이 합리성을 대신할 수 있을지 모릅니다. 그렇게 따지면 피카소 같은 대가마저도 한동안 저평가되었으니 예술성을 평가한다는 것이 얼마만큼 어려운 일인지 실감할 수 있을 것 같네요. 경제에서 합리성은 "달걀을 한 바구니에 담지 마라"는 토빈 교수(노벨 경제학상 수상)의 경고로 대신할 수 있겠어요. 다시 말하면 미래는 항상 불확실하기 때문에 적절한 분산 투자로 자산을 관리하라는 의미지요.

합리성을 잘 발휘하려면 무엇보다 투자 대상의 세 가지 속성을 잘 간파해야 합니다. 즉 안정성, 유동성, 수익성을 꼼꼼히 따져봐야 한다는 것이죠.

안정성은 말 그대로 어떤 변화에도 안정적인 가치를 지니는 자산을 의미하고, 유동성은 현금화의 정도를 말합니다. 수익성은 보유에 따른 이익이 얼마나 되느냐를 나타냅니다. 그렇게 보면 현금은 유동성은 높지만 수익성은 떨어지고, 물가가 상승하면 안정성마저 위협받는 재화라고 할 수 있지요. 주식 역시 현금화가 쉬우니 유동성은 높은 편이고 폭락의 위험이 있으니 안정성이 떨어집니다. 반면, 수익성은 높은 편이죠. 이렇듯 자산에 따른 특성을 합리적으로 잘 평가하여 투자하는 것이 중요합니다. 이제 수익성이 높다고 전 재산을 주식에만 투자하거나, 안정성만 보고 부동산에만 모두 투자하면 안 되는 이유를 잘 알았을 겁니다.

그런 점에서 르벨의 경우 투자의 합리성은 무시한 채 피카소의 예술성 하나만을 믿고, 안정성은 떨어지지만 수익성이 높은 그림에 적극 투자한 것이지요.

다행히 성공했지만 르벨처럼 대박을 터뜨릴 블루칩을 찾아내는 사람은 흔치 않아요. 오히려 잘못 흉내내다간 실패할 확률이 훨씬 더 클 겁니다. 그러니 경제학적인 접근이 무엇보다 중요한 것이지요.

자, 이제 수치적으로 합리성을 이해해볼 차례입니다. 딱히 어려운 계산이 아니니 미리부터 손사래 칠 필요 없어요. 어떤 기업이 1,000만 원을 투자해서 실패할 확률이 50퍼센트이고 100퍼센트 수익을 올릴 수 있는 확률 역시 50퍼센트라고 가정해보죠. 이 경우 평균적으로 기대되는 수익은 원금 전액 손실 가능성(0원×0.5=0원)과 100퍼센트 수익 가능성(2,000만 원×0.5=1,000만 원)을 더한 것이 되기 때문에 결국 원금과 같아집니다. 이때 전액을 손실할 위험 확률이 50퍼센트 이상으로 올라가더라도 투자를 감행하는 사람은 위험을 선호(risk-seeking)한다고 하고, 수익 확률이 50퍼센트 이상 기대될 경우에만 투자 의사를 밝히는 사람은 위험을 회피(risk-averse)한다고 합니다. 당연히 창의적이고 모험적인 기업가 정신은 위험을 선호하는 태도에서만 가능하겠지요. 어려운 투자 결정을 단호히 내릴 수 있어야 하니까요. 또한 투자를 할 때는 투자에 따른 금융 비용도 동시에 고려해야 하기 때문에 이자율과 기대 수익이 중요한 결정 요인이 되지요.

앞장에서 설명한 기업의 프리미엄(이윤) 역시 당연히 위험 추구를 선택한 사람만이 가져갈 수 있는 특권입니다. 모험을 기피하는 사람은 프리미엄의 기회를 스스로 포기한 것이지요. 1970년대 중동 사막에 건설, 수출 붐을 일으키고 반도체 산업에 과감한 투자를 단행한 모험 정신이야말로 오늘날 우리 경제를 있게 한 밑거름입니다. 30년이 지난 지금, 과연 우리 사회가 위험을 선호하는 기업가 정신이 버틸 여건이 되는지도 되돌아볼 필요가 있을 것 같군요.

앙리 마티스 | 〈처마 밑 화실〉

교수님의 설명을 들으면서 새삼 기업가의 모험 정신이 경제의 원동력이라는 사실을 느끼게 되었어요. 그런데 르벨은 기업가의 모험 정신 이외 또 다른 재능을 가졌어요. 미술품 컬렉터에게 필수 조건인 재력, 직관력, 실력, 열정을 모두 갖춘 행운아였거든요.

특히 그림을 보는 그의 안목은 타의 추종을 불허합니다. 마티스도 르벨의 탁월한 감식안을 인정했어요. 마티스가 목숨처럼 아끼던 작품인 〈처마 밑 화실〉(P.85)을 구입했거든요.

마티스는 이 그림을 자신의 초기 작품 중 최고로 여겼어요. 경제적 고통과 미래에 대한 불안, 뼈저린 고독으로 성장통을 앓던 청년기의 일기 같은 그림이니까요. 마티스는 1902년 겨울에서 그 이듬해 초까지 보앵에 있는 작은 다락방에 임시 화실을 차렸어요. 혹독한 겨울 날씨만큼이나 그의 마음도 추웠어요. 절망에 빠진 나머지 그림을 포기하고 싶다는 투정 섞인 편지를 친구들에게 보내곤 했습니다. 하지만 그는 희망의 끈을 놓지 않았어요. 교수님, 그림 속 작은 창문을 보세요. 다락방과 세상을 이어주는 창문 밖에는 환한 햇살이 쏟아지고 있어요. 저 따뜻한 햇살은 마티스의 움츠린 영혼을 녹여주는 생명의 빛이겠지요.

교수님, 마티스의 그림을 보면서 이런 즐거운 상상을 했어요. 혹 르벨은 다락방이 마티스의 창작혼을 잉태한 자궁임을 알아챈 것은 아닐까, 창문 밖의 환한 햇살을 보면서 현대 미술의 제왕이 태어날 것을 확신한 것은 아닐까 하는.

핵심 경제 용어

승자의 저주(Winner`s curse) : 경매에서 높은 가격으로 낙찰 받았지만, 실제로는 그 가치를 현실화시키지 못하고 손해를 보는 경우를 말한다. 경매 당시에는 승자로서 축복을 받은 것 같지만 실제로는 큰 손해를 보기 때문에 이같이 불린다. 이것은 경매 과정에서 본질적인 가치보다도 높게 낙찰 받았기 때문에 나타나는 현상으로, 예술품 구매에 있어서도 발생할 수 있다.

집중 투자와 분산 투자 : 시장에는 항상 불확실성이 존재하기 때문에 분산 투자를 하는 것이 위험 부담을 감소시키고 안정적인 수익도 기대할 수 있는 방법이다. 특정 품목에 집중 투자를 하면 그 품목과 관련된 시장이 호황일 경우에는 높은 수익을 기대할 수 있으나, 시장 여건이 악화되면 기대 수익의 안정성이 낮아지게 된다. 따라서 안정적인 수익을 위해서는 적절한 수준의 분산 투자가 필요하다.

기대 수익 : 투자의 결과로 기대되는 평균적인 수익을 말하며, 수입 예상 금액과 가능성을 이용해서 구할 수 있다. 만약 100만 원을 투자해 200만 원을 얻을 확률이 50퍼센트이고, 1원도 벌지 못할 확률이 50퍼센트라면 기대 수익은 100만 원(200만 원×50%+0원×50%)이 된다. 위험을 선호하는 사람들은 복권처럼 기대 수익이 아주 낮은 경우에도 투자를 한다.

6
사유 재산에 대한
애착을 반영한 초상화

1748~1749 토머스 게인즈버러 | 〈앤드루 부부〉

정갑영 교수님, 사람들은 왜 미술품을 사는 것일까요? 예술품을 감상하고 싶은 마음에서, 미술품을 살 만큼 돈이 많다는 것을 과시하기 위해, 혹은 미술품에 투자해서 이윤을 남기고 싶어서이겠지요.

그러나 19세기 중반 이전에는 또 한 가지 요인이 있었어요. 바로 그림 속에 묘사된 대상을 소유하고 싶은 욕망입니다. 무슨 생뚱맞은 소리인가 하실 텐데요, 18세기 영국의 초상화가인 게인즈버러의 초상화(P.89)를 감상하면서 더 자세한 얘기를 나누도록 하겠습니다.

게인즈버러가 고향 친구인 로버트 앤드루와 부인 프란시스 카터를 그린 부부 초상화입니다. 1748년 11월에 결혼한 앤드루 부부는 게인즈버러에게 혼인 기념 초상화를 의뢰했어요. 사진이 없던 시절이니만큼 신혼 부부는 결혼을 기념하는 초상화를 갖고 싶었던 것이지요. 부부는 초상화에 멋진 모습으로 그려지고 싶어서인지 최신식 로코코풍의 화려한 옷을 입고 잔뜩 멋을 부렸어요. 그런데 언뜻 보아도 어색한 점이 눈에 띄어요. 부인이 앉은 벤치는 사치스런 실내 의자이거든요. 왜 두 사람은 호화로운 실내를 마다하고 굳이 밭 한가운데서, 그리고 부인은 실내 의자에 앉아서 포즈를 취한 것일까요? 바로 자신의 사유지가 초상화에 묘사되기를 원했기 때문입니다. 왜냐하면 초상화의 배경에 그려진 풍경들, 즉 농경지와 들판, 야산, 가축들은 모두 앤드루 부부의 소유이거든요. 이제 화려한 의자를 야외에 놓은 까닭이 밝혀졌어요. 앤드루 부부는 광대한 농토를 소유한 부유한 지주 계급임을 과시하기 위해 야외에서 포즈를 취한 것입니다.

앤드루 부부의 초상화에 사유지가 묘사된 것은 당시 미술품을 구매하는 관습에 따른 것입니다. 이 초상화가 그려진 시절 고객은 화랑에서 그림을 사지 않았어요. 화랑이 생겨나기 이전인데다 고객들은 특정한 화가를 점찍어 그림을 주문했으니까요. 구매자들은 그림을 의뢰하면서 자신들의 요구 사항도 함께 밝혔어요. 앤드루 부부는 사유지를 초상화에 표현해줄 것을 요구했어요. 자신들의 근사한 모습과 자신의 땅과 농작물이 함께 그려진 그림을 집 안에 걸어두고 감상하고 싶었거든요. 하긴 그런 신혼 부부의 심정을 이해할 것 같아요. 초상화를 볼 때마다 자신들이 부유한 지주라는 사실을 확인한다면 얼마나 마음이 뿌듯해지겠습니까. 그만큼 앤드루 부부는 거대한 땅을 소유하고 있었어요. 초상화가 제작될 당시 서퍽의 서드베리에 400만 평에 달하는 땅을 소유하고 있었어요. 원래부터 땅부자인 앤드루는 결혼을 하면서 토지가 갑절로 늘었어요. 아내가 결혼지참금으로 가져온 땅을 보탰기 때문입니다.

교수님, 화면 오른편에 수북이 쌓인 곡식다발이 보이세요? 풍성한 곡식단은 앤드루가 밭의 주인이며 그가 소유한 땅이 기름진 농토라는 사실을 증명하기 위해 의도적으로 그려진 것입니다. 미술사학자인 존 버거는 이 그림을 분석하면서 흥미로운 주장을 제기했어요.

〈앤드루 부부〉 부분

앤드루 부부의 초상화는 18세기 영국 시골 지주들의 사유지에 대한 애착을 마치 거울처럼 보여주고 있다는 것입니다. 당시 지주들은 자신들의 토지와 공유지를 구별하기 위해 경계선을 치는 등 사유지에 대한 보안을 철저히 했어요. 사유지를 얼마나 엄격하게 보호했던지, 누군가 타인의 영지를 침범하면 그 침입자는 자신의 영지에서 강제로 퇴출당하는 가혹한 형벌을 받을 정도였어요. 예를 들면 어떤 사람이 다른 사람의 밭에 들어가서 감자를 훔치면 그는 마을 사람들이 지켜보는 가운데 말채찍으로 얻어맞는 형벌을 받아요.

더욱 놀라운 것은 도둑질한 사람을 재판한 치안판사가 절도범의 토지를 갖는 것입니다. 이는 그만큼 엄격하게 사유 재산을 보호했다는 상징적인 사례들이지요. 따라서 앤드루 부부의 초상화에 사유지가 그려진 것은 개인의 소유권을 철저히 보호하던 시절 사회 분위기가 반영된 것이지요.

교수님, 덧붙이고 싶은 얘기가 있는데, 당시 그림을 소유하는 것에는 보다 깊은 뜻이 숨어 있다는 점입니다. 그림뿐 아니라 그림에 그려진 대상도 소유한다는 상징적인 의미를 담고 있습니다. 또 한 번 존 버거의 이론을 인용하면, 유화 그림은 주문자의 소유욕을 만족시키기 위한 수단이며 도구라는 것입니다. 인류학자인 레비스트로스도 존 버거와 비슷한 주장을 했어요. 재력가가 그림을 소장하는 행위는 그림 감상보다 화폭에 그려진 대상들을 소유하는 기쁨을 만끽하기 위해서라는 것입니다.

레비스트로스는 "르네상스 시대 이탈리아 부르주아 계급과 상인들에게 그림이란 그들이 갖고 싶은 아름다운 대상을 소유하기 위한 도구였다"고 잘라 말합니다. 즉 미술품을 소유하는 것에는 재산권에 대한 과시와 주문자의 탐욕이 담겨 있다는 뜻이지요.

앤드루 부부 역시 예외는 아니었어요. 화가에게 자신들의 드넓은 영지를 초상화의 배경으로 그려줄 것을 요구했거든요. 지주인 그들은 초상화를 볼 때마다

'이 땅은 내 것이다'라는 확신을 가지면서 땅부자의 만족감을 만끽할 수 있어요. 또 방문객들에게 그림을 보여주면서 거드름을 피울 수도 있어요. 상대방은 한없이 부러운 눈길로 부부를 바라보았을 테니까요.

자, 게인즈버러는 당대 최고의 프로 화가답게 이런 주문자의 기대감을 100퍼센트 충족시켰어요. 풍경을 인물만큼 공들여 묘사하고 화면을 치밀하게 연출했습니다. 예를 들면 앤드루에게 사냥총을 들고 포즈를 취하도록 했지요.

앤드루가 사냥총을 옆구리에 낀 것은 당시에는 부유층만이 사냥을 나갈 수 있는 면허를 가졌기 때문입니다. 반짝거리는 앤드루의 사냥총은 그가 사유지에서 사냥을 즐기는 특권층임을 알려줍니다. 아울러 사냥개도 조연으로 등장시켰어요. 개는 충성심이 가득 담긴 눈길로 주인을 올려다보는데, 그 개의 눈길에는 앤드루 부부의 재산에 감탄한 관객의 마음이 투영되어 있습니다. 교수님, 앤드루 부부의 결혼 기념 초상화에는 사유지에 대한 수유권, 재산권 강화, 자본에 대한 탐욕이

〈앤드루 부부〉 부분

담겨 있습니다. 시골 지주 부부를 그린 이 초상화는 자연까지도 소유한 지주 계급의 재력과 물욕에 대한 찬가인 셈이지요.

관장님, 드디어 사유 재산을 뽐내는 졸부들의 모습이 명화에 등장하는군요. 예술품만 잘 살펴보아도 경제 발전의 역사를 가늠할 수 있다니 그저 놀랍기만 합니다.

인간의 역사를 두고 '소유의 역사'라고도 하지요. 더 많이 소유하고 싶은 것이 인간의 본능이기에 어느 시대를 막론하고 소유를 둘러싼 갈등과 분쟁은 끊이질 않았어요. 특히 물질적 풍요를 다루는 경제학은 소유 형태를 어떻게 유지하느냐가 가장 핵심적인 논제로 등장합니다.

실제로 '사유가 바람직한가 아니면 공유共有가 바람직한가'의 논쟁은 상당히 오래되었습니다. 고대 철학자 플라톤은 공유 제도가 이상 사회의 실현에 바람직하다고 언급했고, 19세기 유럽을 풍미한 공상적 사회주의 역시 공유 제도 쪽에 편을 들어주었습니다. 토머스 모어T. More가 말한 상상의 나라 유토피아를 실현해 보려고 시도했던 로버트 오웬R.Owen의 농장이나 미겔 데 세르반테스Miguel de Cervantes의 『돈키호테』 등에서도 공동 생산, 공동 소유 제도를 지향했지요. 그

'유토피아'를 만들려고 시도했던 로버트 오웬

후 등장하는 마르크스K.Mark의 『자본론』 역시 공동으로 생산하고 필요에 따라 분배하는 제도를 주창하지 않았습니까. 하지만 경제는 공유보다는 사유재산제를 바탕으로 하는 자본주의 사회에서 더 융성하게 되었지요.

　그 이유가 무엇일까요? 물론 특정인이 재산을 소유하지 않고 공동으로 생산해 필요에 따라 분배하는 방식이 이론적으로는 이상적으로 여겨집니다. 그러나 인간은 본능적으로 자기 것에 대한 집착과 애정이 있기 때문에 소유 제도에 따라 경제적인 성과가 크게 달라집니다. 따지고 보면 더 좋은 차, 집, 휴대폰을 소유하기 위해 열심히 일하고 저축하며 야근은 물론 무리한 일도 마다하지 않는 것이죠. 만약 이런 것들을 공동으로 소유한다면 사람들의 행태는 어떻게 달라질까요? 좀더 좋은 공용 자동차를 갖기 위해 더 열심히 일하게 될까요? 이상적으로는 가능할지 모르지만 현실적으로는 불가능합니다. 내 것이 아니기 때문에 관리하기도 힘이 듭니다. 주변의 공원, 도로, 공공 시설 등을 보세요. 함부로 사용해 이곳저곳 부서진 흔적을 쉽게 발견할 수 있지 않나요? 이 같은 '공유의 비극(tragedy of the commons)'은 일상에서 수없이 나타납니다.

　독실한 신앙으로 무장된 이스라엘 집단 농장 '키부츠'에서조차 사유화 바람이 불고 있다고 합니다. 100년 가까이 유지해온 자발적 소유 공동체인 키부츠는 '능력에 따라 일하고 필요에 따라 소비한다'는 이념하에서 사유제를 부정하고 가족 수에 따라 정해진 임금을 받으며, 생산·소비·육아·교육 등을 공동으로 운영해왔는데요. 1910년 세워진 이스라엘 최초의 키부츠인 '데가니아'가 얼마 전 투표에서 사유화를 결정해 이스라엘인을 놀라게 했지요.

　얼마 전 가까운 중국도 '전국인민대표대회'에서 사유 재산을 국유 재산과 똑같이 보장하는 '물권법'을 통과시켰지요. 이 법은 자본주의식 사유 재산 제도와 공산주의식 공유 재산 제도를 동시에 인정하고 있습니다. 이미 사회주의의 몰락으로 확인되었지만 공동소유제의 한계는 국가를 초월해 모든 분야에 파급되고 있습니다.

교수님의 경제 이야기를 들으면서 인간의 소유욕은 그 무엇으로도 막을 수 없다는 생각이 들었어요. 그러면서 의문이 생겼어요. 앤드루 부부처럼 땅을 많이 소유하려는 욕망을 꼭 부정적으로 바라보아야 할까요? 또 실제로 땅을 소유하는 것은 경제적인 측면에서 비춰볼 때 얼마큼 만족스런 자산이 될 수 있는지요?

관장님께서는 아무래도 '소유'에 대한 관심이 많으신 듯 보입니다. 첫 번째 질문의 결론부터 말하면 당시 앤드루 부부의 사유지에 대한 애착은 부정적으로 평가되었을지 몰라도 경제 발전의 역사에서 보면 긍정적인 현상으로 받아들여집니다.

실제 자본주의 경제는 자신의 이익을 추구하려는 인간의 본능적 동기를 활용해 경제를 풍요롭게 만드는 제도이기 때문에 사유재산제가 경제 발전의 원천인 셈이죠. 따라서 법이 사유재산제를 얼마나 엄격하게 보호해주느냐에 따라 경제 성과가 달라지게 마련입니다. 앨빈 토플러A.Toffler도 『부의 미래』에서 부를 창출하는 가장 기본적인 경제 시스템이 바로 사유재산제임을 강조하고 있지요. 타인의 밭에서 감자를 훔친 사람에게 그 같은 형벌이 내려진 걸 보면 당시 사유재산제가 얼마나 엄격하게 보장되었는지 짐작하고도 남습니다.

사유 재산 제도는 자신이 일해 획득한 것을 자신의 재산으로 보장하기 때문에 개인들은 자신의 이익을 위해 더욱 열심히 일하고, 기업들 역시 더 좋은 제품을 만들어 이윤을 늘리려 합니다. 물론 그림 속 앤드루의 재산 축적 과정이 문제가 되긴 하겠지만, 시대를 막론하고 사유재산제가 공유제보다 경제의 효율성을 높여준다는 것은 사회주의를 통해 이미 역사적으로 증명된 사실입니다. 일한 대가를 제대로 보상해주지 않는 제도에서는 아무도 최선을 다하지 않을 테니까요.

두 번째 질문의 답은 경제학자로서의 질문으로 대신할까 합니다. 과연 땅을 많이 소유하고 있으면 행복할까요? 당연한 것을 가지고 새삼스럽게 왜 그런 걸 묻느냐고 고개를 갸우뚱거릴 독자들도 있을 겁니다. 하지만 실제로는 행복하지 않을 수도 있습니다.

경제에는 두 가지 종류의 지표가 있습니다. 일정 시점에서 저량 貯量(stock)으로 평가하는 것과 일정 기간 동안의 유량 流量(flow)으로 계측하는 것입니다. 저수지의 물은 분명히 저량이고, 강물에 흐르는 물은 유량이지요. 매월 벌어들이는 소득은 유량이고, 저축의 결과로 구매한 토지는 저량의 개념입니다. 1년 동안 번 국민 소득은 유량이고, 통화량은 저량입니다. 하지만 토지 같은 저량의 부는 당장 현금화가 불가능합니다. 때문에 당장 생활에 도움을 주지 못하는 단점이 있습니다.

경기 상황에 따라서 고정 자산은 많은데 부도가 나는 기업은 부동산과 같은 저량의 비중이 높은 부류에 속한다고 할 수 있지요. 개인의 입장에서도 토지 같은 저량의 부는 마음을 편하게 하고 부의 상징으로 나름 가치가 있지만 현금처럼 당장 만족감을 주지 못합니다. 따라서 부동산에 집착하는 한국 사회에서는 국민들의 삶의 만족도가 상대적으로 떨어질 수 있습니다. 초고가의 아파트에 살 만큼 부자지만 실제로 그 액수만큼 생활을 윤택하게 해주는 효용이 나타나지 않는다는 것이죠. 앤드루 부부가 살던 당시의 지주 계급은 토지뿐 아니라 다른 여러 가지 특혜를 모두 누리고 있었기 때문에 유량과 저량의 부를 구별할 필요조차 없었겠지요. 그러니 지금보다 토지를 통해 얻는 만족감이 훨씬 강렬했을 것입니다.

하지만 우리의 상황은 사뭇 다릅니다. 농토의 경우 농산물 생산을 통해 유량의 소득을 높여주지만, 생산이 이루어지지 않는 토지를 소유한 사람들의 경우 별다른 만족감을 느끼지 못할 것이기 때문입니다. 그럼에도 토지는 투자를 위해서든 주거를 위해서든 여전히 중요한 위치를 차지하고 있다는 것을 잊지 않았으면 합니다. 농업 사회 때는 토지란 가장 중요한 생산 수단인 동시에 소유 수단이었고, 산업 사회에서는 공장을 짓기 위한 생산 수단의 하나였고, 3차 정보화 사회 이후에는 유망한 투자 수단의 하나로 성격이 변하긴 했지만 그 중요성은 여전하기 때문입니다. 그러고 보니 한국의 전통 그림에도 지주와 소작농의 관계, 상류층의 부를 과시한 그림들이 있을 것 같은데요, 관장님이 한 점 소개해주시지요.

네, 1920년대 평양에서 활동한 화가 김윤보의 《풍속도첩》에 소작인이 지주에게 소작료를 바치는 그림이 들어 있습니다.

농업 사회에서 가장 중요한 생산 수단이었던 토지 | 자료 제공 : 시공사 자료실

총 23점의 그림으로 구성된《풍속도첩》에는 소작료 운반, 쟁기질, 모내기, 김매기, 벼베기, 타작, 물레질, 길쌈 등 이제는 사라진 조선 농촌의 세시 풍속들이 생생하게 재현되었어요. 따라서 이 풍속화는 농업 경제가 기반인 조선 농촌의 생활상을 마치 사진처럼 보여주는 기록물의 가치를 지니지요.『조선미술사』(김순영 외)에 따르면 김윤보가 농촌 풍속도를 그린 것에는 깊은 의미가 담겨 있어요. 왜냐하면《풍속도첩》이 그려진 시절 우리나라는 일본의 식민지였거든요. 교수님도 잘 알다시피 조선을 침략한 일본은 민족혼을 짓누르는 조선 말살 정책을 펼쳤어요. 조선어를 없애고 귀중한 문화재를 약탈하고 찬란한 문화 전통을 파괴하는 등 식민지 노예 교육을 강요했습니다. 조선 미술도 철퇴를 맞습니다. 일제는 조선시대 미술 기관인 도화서를 강제로 해산하고 미술인들의 창작 활동에 재갈을 물리거든요. 하지만 화가들은 가혹한 탄압을 당하면서도 조선화의 전통과 화법을 계승하려고 갖은 애를 씁니다. 나라를 빼앗긴 민중들의 비애와 절망, 조국

김윤보 |〈소작료 납입〉

에 대한 끈끈한 사랑을 그림에 표현하지요. 김윤보가 민족적 색채가 짙은 농촌의 세시풍속도를 그린 것도 조선화의 전통을 고수하기 위해서였습니다. 봉건 사회의 계급적 모순을 꼬집는 내용을 담은 이 그림에도 조선 농촌 생활상에 대한 그리움이 진하게 배어 있지요.

관장님, 1920년대 일본 식민지 시절 그림을 감상하면서 이런 생각을 해보았습니다. 동양과 서양이 사유 재산을 바라보는 사회적 시각이 어떻게 다를까 하고 말이죠.

경제학자들은 동양이 서양에 비해 근대적인 경제 발전이 늦게 이루어진 원인을 문화에서 찾습니다. 동양에서는 전통적으로 유교 사상에 뿌리를 둔 가치관이 지배하고 있어 1900년대 초반까지도 사농공상의 엄격한 신분 제도가 유지되어 왔습니다. 또한 존경받는 선비의 모습은 청빈낙도淸貧樂道, 즉 '나물 먹고 물 마시고, 하늘을 보고 누워 있는 것'이라 생각했지요. 상인이 주류 계층으로 등장한 시기도 매우 늦었고, 사회적으로 물질을 추구하는 행태도 천시받았습니다. 이런 이유로 동양의 경제 발전이 서양보다 늦었고, 사유 재산을 과시하는 것 역시 부끄러운 일로 받아들여졌습니다.

아직도 한국 문화에서는 부유한 저택의 귀부인에 대한 선입관, 대단한 재산을 과시하는 행동이 결코 호의적이지 않은 것 같습니다. 하지만 이번 기회를 빌어 그런 태도가 과연 정당한 것인지는 다시 한 번 잘 따져보아야 하지 않을까요?

핵심 경제 용어

공상적 사회주의: 현실적으로 실현되기 어려운 완전한 공동 소유와 공동 분배를 바탕으로 유토피아 같은 이상 사회를 주창한 사상을 말한다. 환상적인 미래를 제시했던 생시몽Saint-Simon, 푸리에Baron de Fourier, 오웬의 사상이 여기에 속한다. 19세기에 등장하는 마르크스와 엥겔스 등의 사상은 공상적 사회주의와 구별하여 과학적 사회주의로 분류하기도 한다.

마르크스의 『자본론』(1867): 사회주의 사상의 근간이 된 저서로서 마르크스는 이 책에서 모든 재화의 가치는 생산에 투입된 노동량에 따라 결정된다는 노동가치설을 주창했다. 그는 자본은 가치의 이전에만 기여할 뿐 모든 가치는 노동에서 나온다고 주장해 자본가의 기여를 인정하지 않았다.

공유의 비극(Tragedy of the commons): 공용으로 사용하는 동네 목초지에서 각 개인이 자신의 이윤만 극대화하며 많은 소를 방목하면, 목초지는 황폐화되고 궁극적으로 아무도 가축을 키울 수 없어져 모두가 피해를 입는 사례에서 유래한 용어다. 공공의 소유로 운영되는 재화와 서비스가 낭비적으로 사용되어 효율적인 자원 배분에 기여하지 못하는 현상을 말한다. 예를 들어 개인이 운용하는 낚시터는 잘 관리되지만, 공동 저수지는 누구나 남획하여 황폐화되기 쉬운 것도 이 사례에 해당된다. 또한 바다, 호수, 숲, 목초지 등의 공공 자원이 남용되고, 공원의 화장실이 불결하게 유지되는 것도 모두 공유의 비극이라고 할 수 있다.

유량과 저량: 유량은 국민 소득과 같이 일정 기간에 걸쳐 계측하는 변수이고, 저량은 일정 시점에서 평가하는 변수를 말한다. 예를 들어 1년 동안에 걸쳐 발생한 소득을 계측하는 국민 소득은 유량의 개념이고, 통화량과 외환 보유고, 부채와 같은 개념은 일정한 시점을 기준으로 측정하기 때문에 저량에 해당된다.

7
부동산 투기 열풍이 투영된 풍경화

1876~1877 구스타브 카유보트 | 〈파리 거리, 어느 비 오는 날〉

정갑영 교수님, 앞서 드가의 그림을 감상하면서 프랑스 제2제정 나폴레옹 3세 통치 시절, 파리는 대규모 도시 개발로 인해 현대적인 도시로 거듭났다는 말씀을 드렸어요.

이번에는 새롭게 변모한 파리 시가지의 모습을 보여주는 그림을 감상하면서 당시 도시 개발이 부동산 가격과 집값 폭등에 어떤 영향을 끼쳤는지에 관한 이야기를 나누도록 하겠습니다.

이 그림(P.103)은 인상주의 화가 카유보트가 비 오는 날 파리 시내를 오가는 군중들을 묘사한 도시 풍경화입니다. 파리 시민들이 우산을 쓴 채 길을 걷고 있어요. 화면 앞에 두 남녀도 정답게 팔짱을 낀 채 빗속의 데이트를 즐깁니다. 연인들의 세련된 옷차림은 그들이 부유한 부르주아 계층이라는 사실을 말해줍니다. 그런데 정작 두 사람은 데이트 상대보다 길거리 풍경에 더 마음이 끌린 것 같아요. 호기심에 반짝이는 연인들의 눈길은 길 건너편 방향으로 향하거든요. 필경 최신 패션을 뽐내는 멋쟁이가 길을 지나갔던가, 아니면 쇼윈도를 장식한 사치스런 상품들에 눈길을 빼앗겼겠지요.

흥미로운 것은 카유보트가 비 오는 날의 서정과 낭만에 관심을 두기보다 새롭게 변모한 파리 정경을 부각시키는 것에 중점을 두었다는 점입니다. 왜냐하면 화면의 절반 가량을 쭉 뻗은 도로와 널찍한 광장, 기하학적인 아름다움을 지닌 건축물에 할애했거든요. 카유보트는 진보와 현대성의 상징이 된 파리에 대한 애착을 그림을 통해 드러내고 싶었던 것이지요. 카유보트가 새로운 파리를 그리고 싶었던 심정을 충분히 이해할 수 있어요. 도시 계획에 의해 재단되고 디자인된 파리는 바로 예술 그 자체였으니까요. 리모델링된 파리는 인공미가 자연미를 능가할 수 있다는 것을 만천하에 증명해주었습니다.

화가들을 매료시킬 만큼 파리를 매력적인 도시로 만든 일등공신은 당시 도시 계획 사업을 공격적으로 주도한 파리 주지사인 오스만 남작입니다. 알자스 출신의 오스만은 나폴레옹 3세의 특명을 받고 대대적인 도시 개발에 착수했어요.

황제가 파리 재건에 국가 차원의 에너지를 투입한 것은 통치권을 강화하기 위해서였어요. 나폴레옹 1세의 조카인 루이 나폴레옹 보나파르트는 대통령의 연임을 금지한 헌법 조항이 걸림돌이 되면서 선거 재출마가 불가능해져요. 그러나 그는 쿠데타를 일으켜 절대 권력을 장악합니다. 하지만 황제는 부당한 방법으로 정권을 강탈한 점이 마음에 걸렸던가, 자신의 부정적인 이미지를 바꾸고 싶어 합니다. 그래서 국민들의 인기를 겨냥한 대규모 공공 사업을 벌입니다. 바로 파리를 국제 도시로 만드는 파리 재건 사업이지요.

황제는 독재 정권의 정당성을 확보하기 위해 파리 근대화에 착수했다지만 그것만이 전부는 아니었어요. 숨겨진 또 하나의 요인이 있어요. 공권력 강화 차원이나 미적인 면 이외에 현실적인 상황이 고려되었어요.

첫째는 파리의 만성적인 교통난을 해소하기 위해서였어요. 현대인들은 상상조차 할 수 없을 만큼 그 시절 파리의 도로는 비좁았어요. 좁은 골목길에 주택들이 빽빽이 들어차 있어 마차가 지나가기 힘들 정도였어요.

두 번째는 정치적 목적입니다. 미로처럼 구불구불한 골목길은 폭도들과 시위대의 천연 방어막이 되었어요. 1830년과 1848년 민중 봉기 때도 시위대들은 비좁은 도로 덕을 톡톡히 봅니다. 바리케이드를 치기 수월할 뿐더러 여차하면 도망쳐서 숨을 수 있었으니까요. 하지만 구시가지를 허물고 넓은 길을 내면 시위대를 단숨에 진압할 수 있지요. 그런 의미에서 소설가 빅토르 위고를 비롯한 자유주의자들은 새로운 대로가 정치적 의도에서 건설되었다고 정부 당국을 맹렬하게 비난했어요.

파리의 새로운 대로 건설을 반대한 빅토르 위고

"정부가 넓은 길을 만든 것은 바리케이드를 세우지 못하고, 포병대가 시위대를 향해 발포하기 쉽도록 하기 위해서다"라고 주장했습니다.

세 번째, 공중 위생과 청결을 고려했어요. 당시 파리는 질병의 온상이었어요. 더럽고 악취를 풍기는 집들에서 각종 오물과 폐수가 흘러나와 사람들은 코를 막고 다녀야 했습니다. 비위생적인 주거 환경으로 인해 1847년은 콜레라가 번져서 무려 1만 9,000명이 사망했어요. 도시 개발 덕분에 도로가 뻥 뚫리게 되니까 악취와 매연은 사라지고 더러운 하수는 배수관을 통해 빠져나가면서 공중 위생은 눈에 띄게 좋아졌지요.

나폴레옹 3세는 방금 말씀드린 몇 가지 의도에서 역사상 유례없는 대규모 도시 개발 사업을 벌일 결심을 굳힙니다. 위대한 건축가, 도시계획가로 역사에 이름을 남긴다는 야망을 품은 황제는 도시 리모델링 사업을 현실로 구현할 적임자로 알자스 출신의 오스만을 낙점 찍어요. 1853년 황제는 오스만을 파리 지사로 임명합니다. 냉혹한 성격의 오스만은 중세적 잔재가 남은 비좁은 골목길과 노후 건물, 빈민층이 거주하는 인구 밀집 지역에 위치한 가옥 수천 채를 철거하고 주민들을 변두리로 대거 이주시킵니다. 그는 25조 프랑에 달하는 막대한 돈을 도시 재건 사업에 쏟아붓습니다. 대규모 공공 사업으로 인해 일자리가 창출되면서 파리 시 노동자의 20퍼센트가 생계를 해결하게 됩니다. 공공 사업이 추진되면서 도시 근대화가 가속화되고 산업이 발달하고 경제 번영이 이뤄집니다. 프랑스 역사상 이 시절만큼 새 시대의 도래를 절감한 때는 없었습니다.

경제학의 고전 『국부론』을 저술한 애덤 스미스

관장님 설명대로 대규모 공공 사업은 대체로 독재자와 같은 강력한 리더십을 가진 사람이 추진하는 게 일반적이지요. 아마 나폴레옹도 친위 쿠데타로 실추된 이미지를 회복하고 국민들의 인기를 끌 목적에서 파리를 재건하는 사업을 개시했을 겁니다.

그런데 정부의 대규모 공공 사업이 경제에 미치는 영향은 1930년대 초 대공황을 거치면서 비로소 과학적으로 명확히 증명되었습니다. 공공 사업을 벌이면 일자리가 늘어나는 것이 사실이지만 상황에 따라서 다른 부작용도 가져올 수 있다는 것을 깨닫게 된 것이죠. 아, 왜 그렇게 뒤늦게야 그 이유를 알게 되었냐고요? 궁금증을 풀려면 우선 고전학파 경제학을 이해해야 합니다. 1776년 애덤 스미스는 『국부론』이라는 경제학의 고전을 저술했어요. 그 이후 오랫동안 경제학의 주류는 고전학파 경제학이 차지했습니다.

고전학파 경제학의 가장 큰 핵심은 자신의 이익을 추구하는 경제적 행동을 하는 경우 시장에서는 '보이지 않는 손'에 의해서 자율적인 조정이 이루어진다는 것에 있습니다. 고전학파가 말하는 '보이지 않는 손'은 현대적 의미로 해석하면 시장 가격을 가리킵니다. 공급이 많으면 가격이 떨어지고, 가격이 떨어지면 수요가 늘어나 자율적인 균형이 이뤄진다는 것이죠. 이런 맥락에서 '공급이 수요를 창출한다'는 세이의 법칙도 등장했는데요, 이는 무엇이든 시장에 공급만 하면 새로운 수요가 발생하고 보이지 않는 손에 의해 조정이 이루어짐을 의미합니다.

이 같은 고전학파의 생각은 1920년대 대공황이 일어날 때까지는 경제학의 통념이었습니다. 하지만 산업혁명 이후 기술의 발달로 대량 생산이 가능해지고 기계화가 진전되면서 미국을 시작으로 극심한 공황 상태가 전 세계로 확산되지요. 고전학파가 말하는 자율적인 균형은 간 데 없고 수많은 실업자들만이 거리를 배회했습니다. 당연히 사회가 큰 혼란에 빠져들었겠지요. 고전학파의 경제 이론을 따르는 경제학자들은 정부 재정도 균형을 이루어야만 시장 전체의 균형이 회복된다고 믿었지요. 그러나 이런 고전학파의 방법으로는 대공황의 여러 가지 문제들을 해결할 수 없었습니다. 난세에 영웅이 등장한다고 하죠. 아니나다를까 영국의 경제학자 존 메이너드 케인스가 《뉴욕 타임스》에 미국의 루스벨트 대통령에게 보내는 공개 서한을 과감히 발표하면서 새로운 국면을 맞게 됩니다. 그 내용이 무엇이냐고요? 지금이야말로 정부가 지출을 과감히 늘려야 할 때라는 것이었죠. 케인스는 '정부가 할 일이 없으면 오늘은 사람을 불러 땅을 파게 하고 임금을 주고, 내일은 오늘 판 땅을 메우게 하여 임금을 지불해야 한다'는 논리를 내세웠어요. 케인스의 주장은 정부가 개입하지 않아도 보이지 않는 손에 의해 시간이 흐르면 자연스럽게 균형을 찾으리라 믿었던 당시 경제학자들에게 혁명과도 같은 것이었습니다. 그럼에도 케인스는 더욱 목소리를 높여 "시간이 더 흐르면 우

테네시 유역을 개발하는 대규모 공공 사업을 단행한 루스벨트

리 모두 죽고 만다. 정부 지출을 통해 지금 경제를 살려야 한다"고 외쳤습니다.

결과적으로 케인스로 인해 정부가 돈을 쓰는, 즉 정부 지출이 경제에 미치는 영향이 명확히 정립되었습니다. 즉 수요와 공급을 통해 어떤 특정 재화를 분석하듯 경제 전체도 총수요와 총공급으로 분석할 수 있게 된 것입니다. 경제 전체의 총수요에는 민간 소비, 기업 투자, 정부 지출, 해외 수출 등이 포함되고, 총공급에는 국내 경제에서 공급되는 모든 것과 수입이 들어갑니다. 이렇게 개념을 정리하면 총공급이 많아 발생하는 경기 침체나 공황은 총수요를 늘려 대응하고, 반대로 총수요가 많아 생기는 불균형은 총공급을 늘려 조정해야 합니다. 당시 대공황은 총공급은 넘쳐나는데 수요가 부족해 발생한 문제이니만큼 정부는 지출을 적극 늘려 경기를 회복시켜야 한다는 것이 케인스의 주장이었던 것이죠. 결국 루스벨트 대통령은 케인스의 주장을 실험적으로 받아들여 테네시 유역을 개발하는 대규모 공공 사업을 단행했습니다. 거짓말처럼 대공황의 어두운 그림자가 서서히 사라지기 시작했습니다. 그 후부터 지금까지도 정부는 경기가 침체되면 지출을 늘리고 반대로 과열되면 수요를 줄이기 위해 이자율과 세금을 높이는 등의 경제정책을 감행합니다. 총수요와 총공급이 조화를 이루어 국민 소득이 결정되는 원리를 발견한 셈이지요. 케인스의 주장이 이제는 경제 정책의 고전으로 자리잡은 것입니다.

공공 사업을 통해 경기가 회복되는 과정을 잘 알게 되었습니다. 교수님, 이쯤 되면 오스만식 도시 개발의 결과가 과연 어떻게 나타났는지 호기심이 생기실 텐데요, 카유보트의 또 다른 도시 풍경화를 감상하면서 궁금증을 풀어보도록 하겠습니다.

카유보트가 남동생 르네의 뒷모습을 그린 것입니다. 르네는 파리 미로메스닐가 77번지에 위치한 자신의 집에서 등을 돌린 채 거리 풍경을 바라봅니다. 밝고 환해진 대로는 눈부신 햇살로 충만하고 건물들은 마치 자로 잰 듯 질서정연한 아름다움을 자랑합니다.

오스만식 도시 개발의 특징은 이처럼 도시가 기하학적 미를 갖추도록 구성되었다는 점입니다. 오스만은 방사선 형태의 큰 축을 중심으로 대로, 광장, 공원, 건축물들을 치밀하게 배치했어요. 즉 그가 통일성, 대칭, 원근법 등 수학 법칙을 적용해 시가지를 건설했다는 뜻이지요. 오스만은 행여 도시 미관을 해칠까 염려했던가, 건축법을 제정해서 강제로 따르도록 합니다. 예를 들면 공공 건물에는 최신식 건축 자재를 쓰도록 하고 건물과 저택의 앞면은 장식용 자연석으로 통일

구스타브 카유보트 | 〈창가에 서 있는 젊은 남자〉

하는 것들이지요. 그 결과 파리 시가지는 거대한 건축박물관이 되었어요. 지금도 '오스만화'라는 말은 대규모 도시 개발을 의미하는 단어로 사용되곤 합니다.

오스만은 도시 외관뿐 아니라 거리 소통에도 관심을 기울였어요. 당시 중요한 교통 수단인 기차 역사들은 서로 이어지고, 한 광장은 다른 광장으로 연결되고, 시청, 증권거래소와 같은 공공 건물과 오페라 극장, 공연장 등 문화 공간은 정답게 만나게 되지요. 더욱 놀라운 것은 그가 친환경의 선례가 되는 시민들의 쉼터를 대대적으로 조성한 점입니다. 녹음이 우거진 드넓은 공원이 형성되면서 파리는 볼거리와 휴식처를 동시에 제공하는 미래형 도시가 되었습니다. 오스만의 창작품인 파리는 전 세계인들, 그 중에서도 예술가들의 경탄의 대상이 되었어요. 멋쟁이 도시로 변신한 파리에 화가, 문인, 의상 디자이너 등 예술가들이 몰려들면서 파리는 예술의 메카가 됩니다.

그러나 파리는 아름다운 도시 건설에 따른 대가를 비싸게 치릅니다. 바로 부동산 투기라는 고질병을 앓게 되거든요. 파리에 부동산 투기 열풍이 분 것은 건축 물량이 인구 증가율을 미처 따르지 못해서입니다. 게다가 부동산 개발업자들이 농간을 부립니다. 투기꾼들은 황제에게 정치 자금을 제공하면서 이권을 챙겼어요. 오스만도 막대한 건설비를 조달하기 위해 건설업자에게 특혜를 줍니다. 1층은 상점, 위층은 아파트인 주상 복합 건물을 대로변에 지을 수 있도록 허가했어요. 정권이 무너질 때까지 부동산 투기와 부정부패의 연결고리는 끊기지 않았어요. 가히 부동산의 황금기요, 부동산 열풍의 시대라고 부를 만하지요.

부동산 투기 광풍 때문에 낡은 도시를 예술적으로 리모델링한 나폴레옹 3세와 오스만의 업적은 그만 빛을 잃어요. 땅값이 급등하면서 부유한 계층은 시내 중심가에 위치한 현대식 아파트에 몰리고, 서민들은 변두리로 밀려나게 되거든요.

교수님, 동서고금을 막론하고 도시 개발이 되면 땅값이 오르고 부동산 투기가 일어납니다. 우리나라도 신도시개발안이 발표되기가 무섭게 땅값이 급등하는데요, 과연 그 까닭은 무엇인지 경제적 관점에서 설명해주세요.

하하하, 관장님과 대화하다 보니 어느새 제가 관장님 속마음을 읽게 된 모양입니다. 그 질문이 나올 것 같아 머릿속으로 답변을 준비하고 있던 참입니다.

당시 나폴레옹은 공공 사업을 통해 고용을 늘렸다는 점에서 선견지명이 있었던 것 같습니다. 그러나 경기가 과열되었을 때 이런 정책을 썼다면 인플레이션 같은 더 큰 부작용을 가져왔을 것입니다. 이렇게 보니 선견지명이 있어서라기보다 당시 경제 상황이 도와준 것 같기도 하군요. 하지만 관장님 말씀대로 얼마 후 파리는 도시 건설에 따른 대가를 치르고야 맙니다. 부동산 투기 열풍이 몰아쳤으니까요. 도시 개발로 인해 좋은 집을 찾아 몰려드는 유입 인구를 감당할 수 없게 되니 집값이 폭등한 것입니다. 전형적인 초과 수요로 인한 인플레이션이라고 할 수 있겠어요. 여기에 개발을 촉진하기 위해 사업자들에게 특혜를 부여하고 상가 개발을 부추겼으니 일시적인 투기가 발생할 수밖에 없었겠지요.

부동산은 수요가 조금만 늘어나도 가격이 폭등하는 특징이 있습니다. 바로 탄력성 때문이지요. 부동산은 값이 뛰어도 쉽게 공급을 늘릴 수 없고 건축하는 데 상당한 시간이 소요되기 때문에 늘어난 수요에 적극적으로 대응할 수 없습니다. 또 동일한 위치에 건물을 겹쳐 지을 수 없기 때문에 공급에도 제한이 있지요. 가격이 폭등해도 공급을 쉽게 늘리지 못하므로 공급의 탄력성이 낮고, 다른 건물과 대체가 어려우니 대체탄력성마저 낮습니다. 이동이 불가능하다는 특징도 공

높은 수익성으로 인해 자금이 몰리는 신도시 개발
자료 제공 : 시공사 자료실

급을 더욱 난처하게 만드는 요소입니다.

이런 특징을 감안해보면 부동산의 공급 곡선은 다른 상품의 공급 곡선과는 완전히 다른 모습을 나타냅니다. 가격이 올라가면 공급이 늘어나는, 즉 위로 올라가는 곡선이 아니라 그냥 수직선에 가까운 아주 경직된 곡선을 그리게 됩니다. 따라서 수요가 조금만 변동해도 상대적으로 가격이 폭등하는 결과를 가져오지요.

하지만 이것이 전부는 아닙니다. 부동산 자체의 특성뿐 아니라 경제 전체의 여건도 가격에 영향을 미치기 때문입니다. 일단 시중에 자금이 많이 풀려 수요가 많아야만 폭등이 일어납니다. 아주 좋은 예가 강남 지역의 부동산입니다. 이 지역이 개발될 즈음 한국 경제는 중동 수출 호황으로 경상수지가 흑자가 되면서 여유 자금이 시중에 많이 풀려났습니다. 유동 자금이 많아지면 자연스럽게 높은 수익을 좇아 발빠르게 자금들이 이동합니다. 생각해보세요, 수익이 훤히 보이는 신도시 개발에 자금이 몰리는 것은 당연하지 않겠어요? 그러나 수요가 적은 오지에 신도시를 개발했다면 가격 상승폭은 그다지 크지 않았을 것입니다. 만약 신도시 개발 즈음 금리가 높았다면 투기적 수요를 줄여주어 가격 폭등을 감소시킬 수 있었을 것입니다.

말이 나온 김에 투기에 대해 좀더 짚고 넘어갈까 합니다. 투기는 항상 수익을 좇아 움직입니다. 얻을 수 있는 수준 이상의 초과 이익이 발생하는 곳이라면 어디든 투기적 수요가 따라 붙습니다. 금리 이상으로 수익이 생기면 돈이 모이는 것이 시장의 속성입니다. 따라서 그런 수요를 억제하려면 초과 수익을 줄이는 여러 경제적 수단을 개발해야 합니다. 공급 확대 규제를 통해 가격을 억제하는 것은 오히려 부작용이 많기 때문에 투기 비용이 커지도록 하는 조치가 바람직합니다. 다시 말해 투기에 참여하는 주체들이 부동산을 매입한 후 얻는 차익을 적게 만드는 제도적 장치가 필요한 것이지요. 최근 보유세 인상과 부동산 담보 대출 비용의 상승 등도 이 같은 정책의 일환이라 하겠습니다.

그러나 정부가 직접 규제를 통해 가격을 낮추려 하면 오히려 부작용만 늘어납니다. 예를 들어 분양가를 일정하게 묶어두면 좋은 품질의 주택 공급이 어려워집니다. 정해진 상한 가격 내에서 건축을 해야 하기 때문에 너무 낮은 상한제는 부실 공사의 위험마저 우려됩니다. 또한 시세보다 낮은 가격으로 주택이 공급된다면 누구든 당첨을 받아 일확천금을 노리려 할 것이고 자연히 더 많은 투기꾼들을 불러모으게 될 것입니다. 당첨이 된 사람의 불로 소득 역시 문제가 될 것입니다. 열심히 일한 사람보다 제비를 잘 뽑은 사람이 부자가 되는 사회라면 누가 땀을 흘리며 일하려 하겠습니까? 이런 부작용을 줄이기 위해 청약 자격을 제한하고, 채권입찰제를 도입해 부당한 시세 차익을 회수하기도 합니다.

가격 규제가 시장에서 통용되지 않는 것은 부동산뿐만이 아닙니다. 그러나 정치인들은 법이나 규제로 가격을 안정시킬 수 있다고 과신하는 경우가 많아요. 2007년 6월, 인구 1,100만 명의 짐바브웨를 27년 넘게 통치해온 독재자 무가베 대통령은 1년에 1만 퍼센트나 뛰어오르는 물가를 잡기 위해 모든 상품의 값을 50퍼센트 인하한다는 법안을 선포했습니다. 감시단이 동원되고 상점과 공장을 조사하고, 법을 위반한 혐의로 4만 명 이상이 처벌을 받았습니다. 살인적 물가에 허덕이던 서민들은 무척이나 반가워했지요. 그러나 독재자 아닌 그 누구라도 수요와 공급의 법칙 앞에는 장사가 없음을 단 며칠 만에 깨닫게 되었습니다. 경찰과 군인, 감시단 등 힘있는 사람들이 상점의 물건들을 모두 싹쓸이해버리고, 가게에는 불필요한 사치품이나 애완용 식품만 남는 사태가 발생했으니까요. 50퍼센트의 가격으로는 채산이 맞지 않으니 공급은 더 이상 이루어지지 않고, 빵, 설탕, 심지어 병원 환자들이 사용해야 할 물과 식염수까지 극심한 품귀 현상을 겪게 되었어요. 돈이 있어도 물건을 살 수 없고, 독재의 서슬에서도 암시장 가격은 천정부지로 뛰어오르니 짐바브웨 경제는 더욱 파탄에 빠지게 되었습니다. 경제 원리를 무시하고 설불리 가격 규제에 나섰다가는 큰코 다칠 수 있다는 아주 좋은 사례인 셈이지요.

그 어떤 규제보다도 더 효과적인 것은 시장 기능을 활용하는 것입니다. 가격이 많이 오른 곳은 규제를 풀어 더 많은 집을 공급하고, 그 지역과 대체할 만한 주변 지역의 공급이 활성화되도록 규제를 완화해야 합니다. 다른 한편으로는 세금 인상을 통한 보유 비용의 상승으로 수요를 줄이는 방법이 있습니다. 시장에 이 같은 방법을 활용하면 단기에는 효과가 나타나지 않지만 결국 가장 효율적으로 집값 폭등과 투기 수요를 억제할 수 있습니다. 실수요가 많은 강남에는 건축을 엄격히 규제한 채 엉뚱한 곳에 신도시를 만든다면 장기적으로 강남에 공급이 부족하여 집값이 안정되기 어렵지요. 쉽게 해결되지 않을 것 같은 부동산 문제. 하지만 그럴 때일수록 기본에 충실한 시장 기능을 활용한다면 가장 효과적인 부동산 정책이 마련될 수 있으리라 기대합니다.

핵심 경제 용어

세이의 법칙(Say's law) : "공급은 스스로 수요를 창출한다"는 프랑스 경제학자 세이 J.B. Say의 이론이다. 공급이 증가하면 생산 요소의 소득도 증가하기 때문에 결국은 수요도 증가하게 된다는 논리다. 고속도로를 건설하면 통행량이 증가하는 현상 역시 세이의 법칙에 해당된다고 할 수 있다. 그러나 공급이 과잉 상태가 되면 세이의 법칙은 더 이상 적용되지 않는다.

가격 규제 : 유가가 치솟을 때 유통 물량을 제한한다면 가격은 더 뛰어오르게 된다. 시장에서 구입하지 못한 물량을 암시장 거래를 통해 구입하려 하기 때문에 가격이 더욱 폭등하는 것이다. 부동산 투기가 심해질 때 투기적 수요를 억제하기 위해 공급 물량을 제한하면 공급은 더욱 부족하고, 초과 수요가 늘어나기 때문에 가격은 더욱 치솟게 되는 부작용이 발생한다. 이와 같이 시장 흐름을 거슬러서 정부 규제가 시행되면 원래 의도와는 다른 부작용을 유발할 수 있다.

총수요(Aggregate demand)와 총공급(Aggregate supply) : 총수요는 가계, 기업, 정부, 해외 부문 등 그 나라 국민 경제 전체에 걸쳐 최종 생산물에 대한 수요를 모두 합한 것이다. 따라서 총수요는 가계의 민간 소비, 기업의 투자, 정부 소비 지출, 순수출 수요의 합계다. 한편 총공급은 국내 경제에서 공급되는 모든 것과 수입을 더한 것을 의미한다. 따라서 총수요와 총공급이 일치되는 점에서 물가 수준과 국내총생산이 결정된다.

국민 소득(National income) : GDP, GNP, GNI 등의 지표로 측정한다.
1) **국내총생산(GDP: Gross Domestic Products)** : 일정 기간 동안 국내에서 생산된 최종 재화와 서비스의 가치를 시장 가격으로 모두 합한 것이다.
2) **국민총생산(GNP: Gross National Products)** : 일정 기간 동안 자국의 국민이 생산한 완성된 재화와 서비스의 가치를 시장 가격으로 모두 합한 것이다.
3) **국민총소득(GNI: Gross National Income)** : 일정 기간 동안 자국의 국민이 생산 활동에 참여한 대가로 벌어들인 소득을 모두 합한 것이다.

8

열차 그림을 통해
빈부 격차를 고발한 도미에

1864 도미에 오노르 빅토렝 | 〈일등 열차〉

정갑영 교수님, 이번에도 지난 시간에 이어 세계에서 가장 아름다운 도시를 만들고 싶었던 오스만의 꿈이 어떤 후유증을 낳았는가에 관해 말씀드리겠어요. 파리 시민들은 오스만이 창조한 인공 낙원에서 삶의 기쁨을 누립니다.

하지만 화려하게 포장한 대도시 이면에는 불온한 기운이 뱀처럼 똬리를 틀고 있었어요. 불온한 기운이란 바로 빈부 격차입니다. 오스만식 도시 개발은 빈부 격차를 해소하기는커녕 더욱 벌어지게 했어요. 파리가 정치와 경제, 문화의 중심지가 되면서 돈은 특정 계층인 부르주아에게로 집중되거든요. 심지어 거주지마저 달라져 부자 동네와 가난한 동네로 나눠지게 됩니다. 파리가 재개발되기 이전에는 부르주아와 서민층이 한 건물에서 사는 경우가 많았어요. 예를 들면 1층은 근로자, 위층에는 사업주가 살았어요. 하지만 도심지의 노른자위를 부르주아들이 독차지하면서 두 계층 사이에 지리적인 경계선이 그어져요. 부유층은 서부 지역에, 서민층은 북부와 동부, 남부 지역으로 갈라져 살게 됩니다. 부의 편중에다 지리적인 격리 현상마저 생기면서 양 계층 간의 갈등은 더욱 심화됩니다.

당대의 저술가 코르봉은 부의 쏠림 현상을 이렇게 개탄해요.

"파리가 개발되면서 노동자들은 강제로 도심지에서 변두리로 쫓겨났다. 수도는 두 개의 도시로 나뉘었다. 한 도시는 부유하고 다른 도시는 가난하다……. 빈곤층은 부유층 주변에 단단한 차단막을 쳤다."

19세기 풍자화가인 도미에의 그림(P.119)을 보면 당시 빈부 격차가 얼마나 심각했는지 절감할 수 있습니다.

일등 열차 안의 정경을 묘사한 그림입니다. 당시 일등 칸은 은행가, 고위 관리, 사업가, 지주, 거상 등 부유한 부르주아 계층이 탔습니다. 일등 열차 승객들은 특권층답게 품위 있게 옷을 차려입고 신분에 어울리는 근엄한 표정을 짓습니다. 신문을 읽는 여자 승객의 모습에서도 고품격 지성미가 느껴집니다.

그러나 비록 승객들의 겉모습에서는 부유함이 흐르지만 그들의 심성은 메말라 보여요. 같은 의자에 앉아 가면서도 옆자리 승객에게 무관심하거든요. 화면 양쪽에 앉은 늙은 남자와 젊은 여자의 모습에서도 냉랭한 기운이 느껴져요. 두 사람은 각각 반대 방향으로 고개를 돌려 옆사람에게 전혀 관심이 없다는 것을 노골적으로 드러내고 있거든요. 평소 부르주아 계층에게 적대감을 가졌던 도미에는 이 그림을 통해 부르주아들이 얼마나 인간미가 없는지 보여주고 있습니다.

도미에가 특권층을 증오한 것은 도시 인구의 5퍼센트에 불과한 부유층이 부의 76퍼센트 정도를 소유할 만큼 빈부 격차가 심각했기 때문입니다. 부자들은 평생 동안 일하지 않고도 쾌적한 도심지에서 풍요로운 삶을 즐길 수 있었어요. 반면 변두리로 쫓겨난 저소득층은 빚더미에 짓눌린 채 하루 끼니를 때우기에도 벅찰 지경이었습니다.

가난한 시인의 아들로 태어난 도미에는 생계를 위해 어릴 적부터 밑바닥 생활을 전전한 경험이 있기에 계급 구조의 불합리성을 뼈저리게 느꼈어요. 그는 예술가의 소명이란 부의 세습과 가난을 대물림하도록 조장하는 제도적 모순을 고발하는 것이라고 믿었습니다. 도미에는 부자들의 취향에 아첨하는 살롱 미술을 저버리고 민중에게 봉사하는 미술에 몸을 담습니다. 이른바 참여 미술, 민중 미술이지요. 촌철살인의 정치풍자화가 된 그는 자본주의 제도의 부조리를 신랄하게 비판합니다. 통치자를 조롱하는 정치풍자화를 제작해서 몇 차례 감옥에 투옥되기도 하지요. 구속당한 전력 덕분에 도미에는 공권력에 의해 정치적 박해를 받은 최초의 반체제 화가로 유명세를 떨칩니다.

다음 그림을 보면 그가 부자와 가난한 자들을 편 가르는 사회 제도에 얼마나 큰 분노를 느꼈는지 확인할 수 있어요.

서민들이 타는 삼등 열차의 객실 정경입니다. 교수님, 앞서 감상한 작품과 이 그림을 비교해보세요. 승객들의 외양이 다르다는 점 이외 두드러진 차이점을 발견할 수 있습니다. 일등 열차는 칸막이가 설치되어 철저하게 승객의 신분을 보호받지만 삼등 열차에는 차단막이 없어요. 보다시피 객실 안의 사람들은 죄다 노출되었어요.

도미에 오노르 빅토렌 | 〈삼등 열차〉

이것은 무엇을 의미할까요? 당시 서민들은 사생활을 보호받을 가치조차 없는 하찮은 존재로 취급받았다는 뜻이지요. 하지만 도미에는 사회에서 냉대받는 삼등열차 승객에게 따스한 눈길을 보냅니다. 자, 승객들의 모습을 보세요. 객실 안의 사람들끼리 흡사 동네 사람을 만난 듯 이야기꽃을 피웁니다. 가진 것이 없는 서민들은 부유층처럼 자신을 방어할 필요가 없어요. 그들은 경계심 따위는 털 끝만큼도 보이지 않아요. 기차를 타고 가면서 옆자리에 앉은 사람들과 안면을 트면서 허물 없는 대화를 나눕니다. 화면 앞쪽의 젊은 여인도 풍만한 젖가슴을 드러낸 채 아기에게 젖을 먹여요. 일등 열차의 부르주아 여성이 새침한 표정을 지은 채 신문을 읽는 모습과 대조되는 지극히 인간적인 장면이지요.

도미에는 정에 인색한 부유층에 비해 소박한 심성을 지닌 서민들의 삶이 훨씬 건강하다는 점을 증명하고 싶었어요. 자신이 가난한 자의 편이라는 결정적인 증거를 그림에 남겨두었습니다. 아기엄마와 할머니의 거친 손을 유독 강조했거든요. 두 여인의 투박한 손은 민초들이 역사의 주인임을 알려줍니다. 두 여인은 비록 가난하지만 결코 희망을 잃지 않아요. 특히 바구니를 무릎에 올려놓은 할머니의 손을 보세요. 마치 기도하듯 두 손을 다소곳이 모으고 있잖아요. 교수님, 도미에가 민중의 화가를 자처하면서 빈부 격차를 고발하는 그림을 그린 까닭이 있어요. 부패한 지배 계층이 가엾은 서민들을 착취한다고 생각했기 때문입니다. 그는 가난한 사람들이 더 이상 학대받지 않는 사회를 만들려면 국가 제도를 개혁해야 한다고 믿었어요. 두 열차 그림에는 그런 개혁적인 성향이 거울처럼 반영되어 있어요. 빈부 격차를 없애려면 제도적 모순을 타파해야 한다고 믿었던 이상주의자, 불평등한 사회 구조로 인해 부당하게 착취당하는 민중들의 비참한 삶을 그림으로 증언한 화가에게 사람들은 다음과 같은 추모의 글을 바쳤어요.

"위대한 예술가이며 위대한 시민, 선량한 인간 도미에가 이곳에 잠들어 있노라. 그는 살아서도 죽어서도 민중의 화가였다."

교수님, 지금껏 부의 불균형 현상을 미술을 통해 고발한 서민의 화가 도미에에 관한 이야기를 나누었는데요. 경제적 관점에서 빈부 격차가 왜 생기는지 설명해주시겠어요?

도시 개발은 항상 빈부 격차를 유발하는 부작용이 있지만 그 역사가 1800년대 중반 파리까지 거슬러 올라간다는 사실은 이번에 처음 알게 되었네요. 당시 파리 상황이 지금의 서울 강남·북보다 더 첨예하게 양분되고, 빈부 격차 또한 심각했다는 사실이 놀랍기만 하군요.

파리와 런던을 소재로 한 찰스 디킨스의 『두 도시의 이야기』를 그림으로 읽는 듯합니다. 어느 시대를 막론하고 빈부 격차는 바람직한 현상이 아닙니다. 개인의 능력과 노력에 따라 소득이 달라지는 것은 어쩔 수 없겠지만, 사회 제도가 왜곡되어 있거나 우연한 사건으로 빈부 격차가 발생하는 것은 바람직한 현상이 아니니까요.

빈부 격차 발생 요인에는 몇 가지가 있습니다. 가장 흔한 요인은 파리 도시 개발에서 유감없이 효력을 발휘한 자산 인플레이션입니다. 특정 지역의 부동산 가격이 상대적으로 큰 폭 상승하면 그 지역에 재산을 보유한 사람의 부가 갑자기 늘어나 벼락부자가 됩니다. 가령 3억이었던 아파트 가격이 4억으로 올랐다면 그 아파트 소유자는 1억 원의 추가 자산이 생겨난 셈이죠. 하지만 자산을 갖지 못한 사람은 100만 원도 얻지 못하게 됩니다.

비단 부동산에서만 추가적 자산이 생겨나는 것은 아닙니다. 금융 자산을 많이 보유한 사람 역시 금리 폭등이나 주가 상승 등으로 자산 인플레이션의 덕을 볼 수 있습니다. 자산을 갖고 있는 계층은 자산이 없는 계층보다 상대적으로 부유한 편에 속하는데 자산 인플레이션이 그 차이를 더 벌려놓는 셈이죠. 결과적으로 빈부 격차가 더 심화됩니다. 아니나다를까 우리나라의 경우에도 부동산 가격이 오를 때마다 빈부 격차는 더욱 확대되었습니다.

자산뿐 아니라 물가 상승도 빈부 격차를 심화시킬 수 있습니다. 물가 상승으로 가진 자가 더 많은 혜택을 얻게 되면 그 결과 빈부 격차는 확대됩니다. 인플레이션의 경우 채무가 많았던 사람들은 채무액의 실질 가치가 크게 하락하고, 채권자는 실질적인 자산 가치가 하락합니다. 이자율이 임금상승률보다 빠르게 올라가도 빈부 격차가 확대됩니다. 부유층일수록 임금 소득보다 자산 소득에 더 많이 의존하기 때문입니다.

잘못된 제도도 빈부 격차에 영향을 미칩니다. 늘어난 근로 소득세와 줄어든 재산세는 장기적으로 빈부 격차를 확대시키며, 소득 수준에 상관없이 일정 세율을 부과하는 것 역시 빈부 격차를 크게 합니다. 반면, 높은 소득에 더 많은 세금을 부과하는 누진세는 빈부 격차를 완화시키지요.

자산 인플레이션 효과가 나타날 수 있는 아파트 | 자료 제공 : 시공사 자료실

흔히 개도국에서 특정 계층에 개발권이나 사업권을 부여해 결과적으로 빈부 격차가 확대되는 사례도 많습니다. 정부가 인허가를 통해 규제를 많이 할수록 보통 사람들이 인허가를 받을 기회는 적어지고 소수 계층만 그 혜택을 누릴 수 있기 때문에 빈부 격차가 심화되는 것입니다. 이처럼 개발도상국의 빈부 격차는 제도의 왜곡에서 기인하는 경우가 많습니다. 이제 왜 정부의 지나친 규제가 문제를 발생시키는지 잘 이해되었을 겁니다.

여러 요인이 결합되어 발생하는 빈부 격차의 경우도 있습니다. 경기 침체로 저소득층의 임금 소득은 감소하는데 자산 인플레이션만 극성을 부리면 빈부 격차는 최악의 상황으로 치닫게 됩니다. 교육 기회의 불평등이나 신분 제도를 통한 부의 세습을 조장하는 사회에서도 빈부 격차가 심화되고 빈곤이 대물림되는 현상까지 발생할 수 있습니다. 민주주의와 자율적인 경쟁을 통한 입시 제도를 통해 부의 세습을 줄이고 더 나아가 빈부 격차를 완화시켜야겠습니다.

교수님의 이야기를 들으면서 궁금증이 생겼어요. 경제학자들은 빈부 격차를 한눈에 알아볼 수 있는 방법을 마련해놓았는지, 또 세계적으로 빈곤 문제가 자주 거론되는데 그에 대한 설명도 곁들여주셨으면 합니다.

앞서 관장님께서 도미에가 흥분한 이유가 상위 5퍼센트의 부유층이 76퍼센트의 부를 거머쥘 만큼 빈부 격차가 심각했기 때문이라고 이야기했지요. 일등 열차에 몸을 맡긴 부자들은 평생 호의호식하지만, 저소득층은 언제나 빚더미에서 헤어나지 못했다니 정말 화가 치밀기도 했을 겁니다.

그렇다면 제가 관장님께 질문을 던져보겠습니다. 상위 5퍼센트가 76퍼센트의 부를 차지한 경우와 60퍼센트의 부를 차지하는 경우는 어떻게 달리 해석할 수 있을까요?

이런 문제를 해결하기 위해 경제학에서는 지표를 개발해놓았습니다. 고안자의 이름을 따서 '지니계수'라 불리는 이 방법은 몇 퍼센트의 계층이 나라 전체 재산의 몇 퍼센트를 소유했는지를 그래프로 표시해 작성한 것입니다. 간편한 만큼 가장 널리 쓰입니다. 지니계수의 값이 0이면 모든 사람이 동일하게 부를 나눠 가진 것이고, 1이 되면 한 사람이 국가 전체의 자산을 가진 것이 됩니다. 대체로 지니계수의 값이 0.35 수준을 넘어서면 빈부 격차가 상당히 심각한 상태로 여겨집니다. 아마 당시 파리의 지니계수는 이보다 훨씬 높은 수치였을 것입니다.

도미에의 작품이 남겨진 지 140여 년이 지났음에도 여전히 삼등 칸을 타는 사람들, 즉 빈곤의 문제는 여전히 남아 있습니다. 당시에도 끼니를 잇지 못하는 사람들이 많았다고 하지만, 지금도 전 세계 인구의 16퍼센트 내외는 하루에 1달러 미만의 소득으로 의식주를 해결하고 있습니다. 하루에 1,000원도 채 안 되는 소득으로 세 끼를 해결하면서 어떻게 편안한 생활을 할 수 있겠습니까. 하루에 2달러 미만의 소득으로 살아가는 인류는 전체의 35퍼센트 내외입니다. 소득의 기준을 두 배로 올려봐도 여전히 빈곤의 문제는 풀릴 기미가 없는 것이죠.

최첨단 과학 기술이 등장한 21세기에 빈곤 문제가 전 세계적으로 만연하는 것은 인류의 비극이 아닐 수 없습니다. 전쟁, 험악한 자연 환경, 왜곡된 사회 제도, 실패한 사회주의 실험 등 나라마다 빈곤의 이유들도 다양합니다. 특히 잘못된 제도에서 빈곤이 비롯되는 경우를 보면 정말 안타깝지요. 가까운 북한이 대표적 사례입니다. 사회주의에 주체 사상까지 결합하여 자력갱생을 외쳐댔지만 결국 굶주림에 지친 빈민들만 넘쳐날 뿐입니다. 하루에 1달러 미만으로 살아가는 나라 대부분이 과거 사회주의를 경험했다는 사실은 결코 우연이 아닌 것입니다. 독재나 지도층의 부패로 빈곤의 늪에서 헤매는 경우도 안타깝기는 마찬가지입니다. 한때 니카라과, 아르헨티나, 칠레, 필리핀 등 많은 나라 역시 이 같은 연유로 빈곤과 빈부 격차가 발생했습니다. 민중의 화가 도미에가 21세기에 살아서 돌아온다면 이 광경을 보고 어떤 작품들을 화폭에 남길지 궁금해지는군요.

관장님, 빈부 격차에 관한 궁금증은 속 시원히 풀리셨는지요? 저는 아직 그림 감상에 욕심이 남는데요, 혹시 우리 그림 중에도 빈부 격차를 반영한 작품이 있을까요?

네, 18세기 후반에 활동한 김홍도의 《풍속도첩》에서 주제에 맞는 그림을 찾을 수 있습니다. 풍속화 얘기가 이번에도 언급되니까, 잠깐 짬을 내어 풍속화란 과연 어떤 그림인지 간략하게 설명드리겠습니다.

풍속화란 인간의 다양한 생활상을 표현한 그림을 뜻합니다. 말 그대로 사람들의 풍속, 즉 일상 생활을 묘사한 그림을 말하지요.
우리나라 최초의 풍속화는 고구려 고분 벽화에서 시작되는데, 조선 말기인 18~19세기에 풍속화가 절정에 달합니다. 이 시기의 풍속화는 예술성뿐만 아니라 한국적 정서를 가장 잘 반영하고 있다는 평가를 받고 있어요. 그중 최고의 풍속화가로 손꼽히는 사람은 단원 김홍도입니다.

이 그림은 풍속화의 대가인 김홍도의 재능이 고스란히 녹아 있는 걸작입니다. 가을날 농부들이 마당에서 벼 타작하는 장면을 묘사한 것입니다. 그는 볏다

김홍도 | 〈벼 타작〉

벼을 지게에 지어 나르고, 타작하고, 바닥에 떨어진 낱알들을 쓸어담는 수확철에 농부들의 다양한 동작을 예리하게 관찰한 후 그림에 표현했어요. 그런데 저 양반의 행동거지를 보세요. 돗자리를 깔고 누워서 힘겹게 일하는 농부들의 모습을 감시합니다. 가난한 농부들이 땀 흘리며 일하는 동안 양반은 담뱃대를 물고 빈둥거려요. 김홍도는 양반과 농민의 상반된 신분을 극적으로 대비시켜 빈부 격차를 날카롭게 지적하고 있습니다.

그러나 김홍도 풍속화는 도미에 그림과는 분위기가 아주 달라요. 빈부 격차라는 동일한 주제를 다루지만 도미에 그림처럼 어둡지 않아요. 밝고 건강하며 유쾌합니다. 부자들에 대한 분노와 증오심도 노골적으로 드러내지 않아요. 반상제도의 불합리성을 비판하면서도 해학적인 요소를 잃지 않았거든요. 그는 웃으면서 비꼬는 이른바 김홍도식의 절묘한 풍자 기술을 그림에 구사했어요. 곤경 속에서도 잡초처럼 끈질기게 살아가는 조선의 민초들, 그 삶에 대한 긍정과 여유가 그림에 반영된 것이지요.

그러게요, 도미에와 같은 주제를 담았음에도 김홍도 그림이 유독 밝고 경쾌해서 더욱 흥미를 끄는군요. 지주와 소작인의 관계를 매우 미묘하게 표현한 것도 인상 깊고요.

악어와 악어새마냥 서로를 필요로 하는 관계였겠지만 아무래도 소작인이 착취당하는 경우가 많았을 겁니다. 둘 사이에 가장 큰 현안은 소작인이 받아야 할 노동의 대가와 지주에게 지불해야 할 토지의 대가를 결정하는 문제였을 겁니다.

모든 재화나 서비스를 생산할 때는 노동이 투입되어야 하고, 자본과 땅이 있어야 합니다. 그래야 공장이나 농장을 운영해 필요한 재화를 생산할 수 있을 테니까요. 이렇듯 생산을 위해 반드시 투입되어야 할 핵심적인 자원을 생산 요소라고 합니다. 각 생산 요소의 사용 대가를 노동에서는 임금, 토지에서는 지대, 자본에서는 이자라고 부르지요. 임금, 지대, 이자는 생산 요소의 가격이라는 차원에서 모두 동일합니다. 당연히 가격의 일종이기 때문에 수요와 공급에 의해 그 대가가 결정됩니다. 자금이 귀하면 이자가 올라가고, 토지가 부족하면 지대가 올라가는 것과 같은 이치인 것이죠. 따라서 가장 효율적으로 가격이 결정된다면 각 생산 요소가 기여한 정도에 따라 가격이 정해져야 합니다. 예를 들어 근로자 한 사람을 더 투입했을 경우, 그 농장에서 추가 생산할 수 있는 양이 쌀 두 가마라면 임금도 쌀 두 가마로 결정되어야 하는 것이지요. 이것이 바로 한계 생산성과 임금이 동일한 효율적인 임금입니다. 근로자 한 사람의 능력이 쌀 10가마인데 임금은 5가마라면 생산성보다 임금이 훨씬 낮기 때문에 바람직하지 않은 것이지요. 이자와 지대 역시 같은 한계 생산성의 원리를 적용할 수 있습니다. 소작인도 자신의 생산성만큼 보상받는다면 가장 흐뭇해 할 것입니다. 그러나 소작을 맡을 농부가 너무 많다면 소작료는 수요와 공급의 원리에 의해 이보다 더 낮아질 수밖에 없습니다.

김홍도의 그림은 한가로이 벼 타작하는 장면을 담았지만, 당시 국가적 빈곤은 이루 말할 수 없었지요. 우리나라의 국민 소득이 100달러를 넘은 것은 불과 40여 년 전인 1964년이었습니다. 당시 필리핀의 절반에도 미치지 못하는 소득이었지요. 현재는 국민 소득 2만 달러 진입을 앞두고 성장과 분배를 동시에 달성한 나라로 평가받고 있지만, 최근 빈부 격차가 심화되는 추세에 있습니다. 평등과 평준화를 요구하는 수준 역시 매우 높아졌습니다. 우리나라의 소득 분배는 국제적인 기준으로 볼 때 그렇게 심각한 불균형 상태는 아닙니다. 그럼에도 국민들이 체감하는 불균등의 정도는 이보다 훨씬 심합니다. 소득 불균등에 대한 사회적 용인도가 매우 낮은 것이지요. 소득이나 빈부 격차뿐 아니라 교육, 노사, 지역 발전 등 거의 모든 면에서 균형과 평준화를 유독 강조합니다. 아마 단일 민족인데다 역사와 문화적 동질성이 강한 이유 때문일 것입니다. 비록 빈부 격차는 커졌다고 할지라도 김홍도의 그림마냥 계층 간에 밝고 유쾌한 관계가 유지되길 바란다면 저의 지나친 욕심일까요? 더 나아가 우리 사회의 빈부 격차가 하루빨리 해소되어 모두가 행복한 삶을 누리는 그날이 오기를 간절히 바라봅니다.

핵심 경제 용어

자산 인플레이션: 부동산과 금융 자산 등의 가격이 급격하게 상승하는 현상을 말한다. 자산 인플레이션이 발생하면 해당 자산을 보유한 경제 주체들의 부(wealth)는 자산을 보유하지 못한 사람들보다 상대적으로 커지게 된다. 따라서 자산 인플레이션은 빈부 격차를 유발시킨다. 또한 자산 인플레이션은 부의 효과를 가져올 수 있다.

지니계수(Gini's coefficient): 직사각형을 그려 수평 축에는 인구 누적 분포 비율, 수직 축에는 소득 누적 분포 비율을 적는다. 이 직사각형에 인구 분포와 소득 분포에 해당되는 지점을 하나하나 찾아 표시한다. 만약 5퍼센트의 인구가 전체 소득의 5퍼센트, 15퍼센트의 인구가 15퍼센트의 소득을 차지하는 고른 분포를 보이게 된다면, 그 점들은 직사각형에서 대각선을 이룬다. 그러나 실제로는 저소득층인 하위 5퍼센트가 전체 소득의 5퍼센트를 갖지 못하므로(예를 들면 0.5퍼센트), 대각선 아래에 점들이 위치한다. 실제 분포를 나타내는 이 점들을 연결한 선을 로렌츠 곡선(Lorenz Curve)이라 부르며 대각선과 로렌츠 곡선을 함께 생각하면 마치 초승달 형상이 된다. 분포가 왜곡될수록 로렌츠 곡선은 대각선 아래로 많이 내려오고 초승달의 곡면이 더 커지게 된다. 이때 대각선 위의 삼각형(분모)과 초승달(분자)의 비율이 지니계수가 된다. 완전한 균등 분포에서는 로렌츠 곡선과 대각선이 일치하므로 지니계수는 0이다.

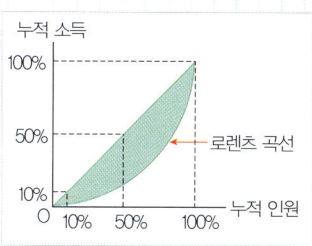

실제 분포를 나타내는 로렌츠 곡선

생산 요소: 생산을 위해 반드시 투입되는 핵심적인 자원으로 노동, 자본, 토지 등이 있다. 생산 요소에 대한 대가로서 노동에는 임금, 자본에는 이자, 토지에 대해서는 지대를 지불한다. 임금, 이자, 지대와 같은 생산 요소의 가격은 생산 요소의 수요와 공급에 따라 결정된다.

한계 생산성(Marginal productivity): 생산 요소의 투입을 한 단위 늘림에 따라서 추가적으로 늘어나는 생산량을 나타낸다. 생산 요소의 종류에 따라 노동의 한계 생산성, 자본의 한계 생산성 등이 있다. 예를 들어 근로자 한 사람을 추가적으로 투입해 자동차 생산량이 2대 늘어났다면 노동의 한계 생산성은 자동차 2대가 된다.

9 정략 결혼의 경제학

1743 윌리엄 호가스 | 〈정략 결혼〉

정갑영 교수님, 명화란 과연 무엇인가 궁금해 하는 분들이 많으세요. 미술사학자인 케네디 클라크는 명화의 조건을 이렇게 말합니다.

"명화란 천재적인 미술가가 시대 정신에 입각해서 자신의 개인적인 체험을 우주적인 경험으로 승화시킨 것이다."

이 말은 예술가의 사적인 경험을 담았지만 일반인들에게 감동을 주고 공감을 불러일으킨다면 명화의 자격이 있다는 뜻이지요. 그런데 클라크는 '시대 정신에 입각해서'라는 단서를 달았어요. 동시대의 언어로 그려진 그림이 아니면 명화로 인정할 수 없다는 주장인데요. 클라크를 100퍼센트 만족시킬 그림을 소개하겠어요. 바로 18세기 영국 화가 호가스의 결혼 연작입니다. 왜냐하면 이 그림들은 당시 유행한 결혼 풍속을 신랄하게 비꼬니까요.

그림은 호가스의 〈유행에 따른 결혼〉 연작 중 첫 번째 작품(P.135)입니다.
화가는 같은 제목의 그림을 6점이나 그렸어요. 지금 보는 장면은 명문 귀족인 스콴더필드 경의 아들과 돈 많은 상인의 딸이 혼사를 맺는 순간을 묘사한 것입니다. 화면 오른쪽에 사치스런 옷을 입고 의자에 앉은 중년 남자가 바로 신랑의 아버지인 스콴더필드 경입니다. 백작은 지체 높은 귀족이지만 지금은 몰락한 신세가 되었어요.

그가 처량한 신세라는 것은 붕대를 감은 오른쪽 발이 암시하고 있어요. 백작은 통풍을 앓고 있거든요. 즉 번드레한 외양과는 달리 속사정은 곪았다는 뜻이지요. 하지만 비록 허울뿐인 귀족이지만 가문에 대한 그 자부심만은 대단해요. 왜냐하면 백작은 그 유명한 정복왕 윌리엄 1세의 후손이거든요. 오로지 명문 가문의 후광에 기생해서 살아가는 백작이니만큼 장래의 사돈에게도 자신의 화려한 족보를 자랑합니다. 백작은 왼쪽 손가락으로 두루마리 족자를 가리키는데 이 족자가 바로 스콴너더필드 경의 가계도입니다. 백작은 이번 혼사가 신부측 가문의 영광이 될 것이라면서 은근히 뻐기는 것이지요.

하지만 장래의 사돈은 백작의 허풍에는 관심조차 없어요. 백작과 마주한 안경 쓴 남자가 보이세요? 그가 백작과 혼사를 맺는 신부의 아버지입니다. 그는 평범한 중인 계급이며 상인입니다. 그러나 백작보다 비록 신분은 낮지만 전혀 꿇릴 것이 없다는 태도를 보입니다. 왜냐하면 그는 장사를 해서 떼돈을 번 알짜부자거든요. 신부 아버지는 상인답게 꼼꼼히 서류를 검토합니다. 이 서류는 결혼계약서입니다. 그렇다면 벼락부자인 그가 왜 하필 몰락한 퇴물귀족과 혼사를 맺으려는 것일까요? 신분 상승에 대한 욕심 때문입니다. 그는 돈이 많을지라도 귀족 계급에 대한 뿌리 깊은 열등감을 가졌어요. 신분 콤플렉스를 해소하기 위해서 딸을 백작 가문에 시집 보내려고 합니다. 즉 돈을 주고 신분을 사는 것이지요. 자, 이제 상인이 귀족과 혼사를 맺으려는 의도가 밝혀졌습니다.

이번에는 백작의 속내가 궁금합니다. 그는 왜 자신보다 신분이 낮은 장사꾼 집안에 아들을 장가 보내려고 할까요? 백작은 현재 빚더미에 올라앉아 앞뒤 가릴 처지가 아니기 때문입니다. 그가 빚을 진 사연이 그림에 나와 있어요. 창문 밖으로 신축 중인 호화 주택이 보이세요? 백작은 저 사치스런 주택을 짓다가 막대한 빚을 졌어요. 돈이 바닥난 바람에 건물 공사가 중단되었지요. 그는 지금 파산 상태입니다. 곤경에 빠진 백작은 머리를 굴려서 묘안을 짜냈어요. 아들을 결혼시키면 빚을 해결하고 공사를 재개할 수 있어요. 돈 많은 집안의 딸을 며느리로 삼으면 두둑한 지참금을 챙길 수 있으니까요. 자, 보세요. 서기가 백작에게 결혼

지참금을 명시한 서류를 넘기잖아요. 귀족은 돈을, 부자는 신분을 탐내요. 결혼을 빙자한 추악한 거래 현장, 이런 결혼을 바로 정략 결혼이라고 부르지요.

그렇다면 신랑 신부는 어디에 있을까요? 화면 왼쪽 거울을 보는 청년이 바로 신랑입니다. 청년은 왕자병에 빠진 것이 분명해요. 거울을 들여다보면서 우쭐대고 있으니까요. 신부는 신랑 옆자리에 앉아 있어요. 처녀는 미래의 신랑과 한 의자에 앉았는데도 시큰둥한 표정을 짓습니다. 남편이 될 사람이 난봉꾼인데다 낭비벽이 심하다는 소문이 자자하거든요. 게다가 더 결정적인 이유가 있어요. 처녀는 곁에서 다정스레 말을 건네는 언변 좋은 변호사에게 은근히 마음을 두고 있습니다.

자, 교수님도 확인하셨듯 예비 부부는 상대에게 털끝만큼의 관심도 없어요. 두 사람의 결혼 생활이 순탄하지 않으리라는 것은 불을 보듯 뻔한 일입니다. 호가스 역시 그들의 결혼 생활이 불행할 것이라는 강력한 증거를 그림에 남겼어요. 신랑의 발치에 두 마리 개가 보입니다. 그런데 개들은 한 사슬에 묶여 있어요. 서로에게 족쇄가 되어버린 불행한 개들은 예비 신랑 신부의 미래의 초상입니다.

〈정략 결혼〉의 부분

교수님, 좀 엉뚱한 이야기인지 모르겠지만 경제학적 관점에서는 결혼을 어떻게 해석하나요? 아울러 정략 결혼에 대한 경제 이야기도 듣고 싶어요.

관장님의 질문에 답하기 전에 우선 클라크가 제시한 명화의 조건에 대해 잠깐 언급할 것이 있습니다. 개인적 체험이 시대의 언어를 통해 우주적 경험으로 승화되어야만 하다니, 역시 명화의 탄생은 쉽지 않은 듯합니다.

이 점은 경제학과 많은 차이가 있는 듯합니다. 경제학은 개인적 체험을 우주적 경험으로 승화시키기에 앞서 사회적 현상으로 분석해야 하니까요. 이 과정에서 사회에 보편적으로 나타나는 특성을 파악해 모델을 만들고 그것이 검증되면 경제 이론으로 승화합니다. 더 많은 사람들이 공통적으로 경험하는 보편적인 특성이 강할수록 최고의 경제 이론이라는 꼬리표가 따라붙게 됩니다. 미술과 경제, 접근 방법이 유사하면서도 서로 다른 특성을 분석하는 차별성이 있어 서로 더 끌리는 것이 아닐까 싶네요.

호가스의 그림처럼 신분 상승이나 물질적인 욕구 충족을 위한 수단으로 결혼을 활용하는 경우가 어느 정도 보편적인 현상이 된 듯합니다. 경제학에서는 주어진 환경에서 자신의 이익을 극대화하려는 동기를 자연적인 현상으로 받아들이기에, 이 같은 욕구에 대한 분석들을 많이 합니다. 결혼과 사랑, 가족의 경제학은 물론 범죄, 마약, 자살 같은 사회적 병리 현상도 경제학의 분석 대상이 되는 이유가 바로 여기에 있습니다.

그럼 관장님이 질문했던 경제학적 관점에서의 결혼 이야기를 시작할까요? 물질을 다루는 학문이 감히 인간의 사랑을 놓고 왈가왈부할 수 있느냐며 힐난할지도 모르겠습니다. 하긴 서로 사랑해 결혼한다는데 무슨 설명이 더 필요하겠어요. 하지만 여기서 잠깐, 왜 하필 사랑하는 사람과 결혼할까요? 생각해보세요, 사랑하는 두 사람이 함께 있기에 행복을 증대시킬 수 있고, 소득과 집, 성적 호감을 공유할 수 있으며, 전 영역에 걸쳐 무한대로 서로를 공유할 수 있으니 어찌 이 좋은 것을 마다하겠어요?

또 다른 분석으로 결혼하는 것이 혼자 살 때보다 거래 비용이 줄어든다는 설명도 가능합니다. 두 사람이 서로를 공유하고 공동 관리하면 규모의 경제가 발생하니 결혼의 충분한 이유가 되는 셈이지요. 특히 정략 결혼이 이루어지는 경우는 사랑으로 맺어지는 결혼보다 경제적 이득을 훨씬 더 높일 수 있습니다. 신분 상승, 재물, 권력, 그리고 다른 여러 현실적인 이익을 추구할 수 있으니까요. 이 같은 유형의 결혼이 등장하는 이유를 너무 지나치게 경제적 합리성을 추구한 까닭에서 찾을 수도 있겠어요. 그러나 혹자는 사랑보단 물질을 더 중요시 여기니 사람 사는 곳이라면 어디든 나타날 수 있는 유쾌하지 않은 사회적 현상이라 여겨집니다. 이렇듯 경제학은 인간의 행동을 합리성의 차원에서 파악하기 때문에 결혼이라는 현상을 경제적 동기로도 충분히 설명할 수 있습니다.

현대 사회에서는 정략 결혼보다는 교육을 통한 신분 상승을 추구하는 것이 일반적이지요. 좋은 대학에 입학하려고, 외국의 명문 대학에 유학 가려고 얼마나 피나는 노력을 합니까. 경제에서는 교육을 인적 자본의 품질을 높여주는 과정으로 파악합니다. 따라서 사람들은 교육을 통해 스스로의 부가 가치를 높이며, 전문 교육을 받은 사람일수록 훨씬 더 고부가 가치의 제품과 서비스를 창출하게 됩니다. 이런 의미에서 교육은 신분을 나타내는 신호(signal) 역할을 하는 셈이죠.

인재를 평가할 때 맨 먼저 따지는 것 중 하나가 학벌이지요. 어느 대학, 어느 학과를 나왔다면 그 명성이 갖는 경험적 가치 때문에 그 사람의 가치를 평가하는 신호로 작용하는 것이지요. 특히 학벌을 중시하는 우리 사회에서는 인생의 많은 부분을 교육에 투자하다 보니, 교육이라는 신호로 사람을 평가하는 경향이 더욱 강해졌지요. 그러다 보니 이 신호 기능을 엉뚱한 방향으로 이용하는 경우도 나타나게 됩니다. 학력을 위조하는 경우가 그 대표적인 예라고 할 수 있겠어요. 물론 사람을 평가하는 한 가지 좋은 지표로 교육이 그 역할을 담당할 수 있습니다. 그

윌리엄 호가스 | 〈결혼 직후〉

정략 결혼의 경제학

러나 그보다 더 중요한 것은 사람의 능력입니다. 내용보다는 포장을 더 중요하게 여기는 사회에 어찌 핑크빛 미래가 함께할 수 있겠어요?

교수님, 경제학적 관점에서는 정략 결혼이 사랑으로 맺어지는 결혼보다 경제적 이득을 높일 수 있다지만 호가스는 경제적인 면보다 인간미를 더 중요하게 여긴 것 같아요. 왜냐하면 정략 결혼의 결말은 끔찍하다는 것을 그림을(P.141) 통해 보여주고 있으니까요.

저런, 한눈에 보아도 집안 분위기가 심상치 않아요. 벽에 걸린 벽시계는 정오를 가리키는데 신혼 부부는 하루 일과를 시작할 기미조차 보이지 않습니다. 거실 바닥에는 의자가 나뒹굴고 카펫에는 카드가 흩어져 있어요. 부인은 게으름이 뚝뚝 떨어지는 표정을 지은 채 기지개를 펴면서 곁눈질로 부자 아버지가 돈을 주고 산 남편을 훔쳐봅니다. 부인은 밤새 카드놀이를 하면서 밤을 지새운 탓에 아직도 피곤이 가시지 않아요. 부인의 일과는 치장하고 맛있는 음식을 먹고 도박판을 벌이는 것입니다. 하지만 남편의 행실도 결코 부인에 뒤지지 않아요. 그는 간밤에 요란한 파티를 벌여서 곤드레만드레가 되었어요. 아직 술기운이 남아 있어 정신이 혼미해요. 그는 멍한 표정으로 허공을 바라보면서 부인과 함께 있는 시간이 지겨워 어쩔 줄 몰라 합니다.

두 사람은 화려한 저택에서 떵떵거리며 사는 것처럼 보이지만 이것은 어디까지나 겉모습에 불과할 뿐 속사정은 달라요. 신혼 부부는 분수에 넘치는 생활을 하다가 엄청난 빚을 졌거든요. 그들이 부채가 많다는 사실은 접객실에서 신경질을 부리는 남자가 증명합니다. 남자는 철부지 부부에게 돈을 빌려준 채권자예요. 그는 돈을 되돌려받을 수 없다는 사실을 뒤늦게 깨닫고 불같이 화를 내고 있어요. 이런 한심한 상황에 넌더리를 내는 또 한 남자가 보입니다. 바로 젊은 부부의 재산을 관리하는 집사입니다. 그는 지불되지 않은 한뭉치의 청구서를 손에 쥔 채 자신도 파국을 막을 수 없다는 듯 야릇한 제스처를 취합니다. 집사의 주머니에는 조지 화이트필드 목사가 쓴 '구원'이라는 설교서가 꽂혀 있어요. 방탕한 두 사람이 회개하지 않으면 구원을 받을 수 없다는 경고이지요.

교수님, 지금껏 18세기 중반 영국의 위선적인 결혼 풍속도를 예리하게 풍자한 호가스의 결혼 연작을 감상하셨는데요. 호가스식 그림의 매력은 이처럼 관객에게 그림 속에 숨은 의미를 퍼즐 게임처럼 풀어가는 즐거움을 줍니다.

호가스는 미술사에 큰 업적을 남긴 화가입니다. 그는 풍속화의 새로운 주제를 창안했거든요. 호가스가 개발한 주제란 동시대의 어리석은 관행들을 풍자하면서 교훈을 안겨주는 것입니다. 그러나 호가스는 사람들의 잘못된 행실을 꼬집고 비판하면서도 직설적으로 비난하지 않습니다. 암시와 상징을 통해서 관객들 스스로 주인공의 잘못을 깨우치도록 유도합니다. 사회적 악덕을 그림에 노골적으로 드러내면 예술성이 사라질 뿐더러 자칫 관객에게 혐오감을 줄 수 있기 때문이거든요. 그렇게 되면 가장 중요한 메시지인 도덕적 교훈을 관객에게 전달할 수 없게 돼요. 즉 그림을 그린 목적을 달성할 수 없어요. 앞장에서 김홍도 풍속화를 감상할 때 경험했듯 악덕을 질타하면서도 관객을 통쾌하게 만드는 것, 그것이 바로 고품격 풍자화의 묘미입니다.

호가스의 위대함은 천박한 인간들의 본성과 행실을 신랄하게 풍자한 것에 그치지 않아요. 그는 자신만의 독창적인 표현 기법을 개발했습니다. 그가 창조한 신 기법이란 한 편의 연극처럼 그림을 구성하는 것입니다. 화가는 연출가로 변신해서 등장 인물 각자에게 어울리는 배역과 이름, 개성을 부여합니다. 결혼 연작에 등장한 부패한 귀족과 상류 사회에 진입하고 싶어 안달을 부리는 천박한 상인이 마치 실제 인물처럼 느껴지는 것도 그들에게 꼭 맞는 역할을 맡겼기 때문입니다.

교수님, 호가스의 그림에 나타난 가계 부채와 파산에 대한 경제적 설명을 듣고 싶습니다.

호가스의 그림 속 주인공처럼 화려한 저택에서 떵떵거리고 살지만, 알고 보면 거의 파산 상태에 놓인 사람들이 의외로 많습니다. 대부분 과다한 부채를 떠안은 경우인데, 부채는 소득보다 지출이 더 많을 때 발생합니다.

그렇다면 적정한 소비는 어떻게 이루어질까요. 여러 관점에서 그 해답을 제시할 수 있지만 그렇다고 무작정 저축만 하고 소비를 기피하면 곤란합니다. 생각해보세요. 소비가 없으니 기업은 제품을 팔 수 없고 자연히 나라 경제는 극심한 침체를 맞지 않겠어요? 개인적으로는 저축이 이로울지 몰라도 나라 전체로 보면 경제가 운용될 수 없는 상황에 처하게 되는 것이지요. 이런 현상을 '저축의 역설'이라 합니다.

그렇다면 소비는 어떻게 결정되고, 어느 정도 사용해야 바람직한 것일까요? 소비가 결정되는 요인을 설명하는 이론은 많지만 정작 적정한 소비 수준을 결정하는 것은 결코 쉬운 일이 아닙니다. 경제학에서는 소비 결정 요인을 현재의 절대소득이나 미래에 기대되는 평생 소득으로 파악합니다. 또한 자신과 동일한 계층의 소비 행태에서 영향을 받는다는 이론도 있고, 일시적 소득 변화가 소비에 영향을 주지 않는다는 가설도 있습니다. 젊은이의 소비 성향이 높은 것은 현재의 소득은 적지만, 미래에 기대되는 소득은 높기 때문이라고 설명됩니다.

실제로 개인의 소비는 이런 가설들이 복합적으로 작용해 나타나는 경우가 많습니다. 우선 자신의 소득 중 평균 몇 퍼센트를 소비하느냐를 평균 소비 성향이라 말합니다. 한편 소득 증가분에 대한 소비의 증가분을 나타내는 것이 한계 소비 성향입니다. 즉 소득이 100원 증가했을 때 소비가 80원 늘어났다면 한계 소비 성향은 0.8(또는 80퍼센트)이라고 말합니다. 대체로 낮은 소득 수준에서는 이 수치가 높게 나타납니다. 소득 수준이 낮음에도 불구하고, 소비증가율은 평균보다 높게 나타나는 경향을 말해주는 것이지요.

이제 소비 성향이 1을 넘어서면 소득보다 지출이 많아져 부채가 생기기 시작한다는 것을 잘 이해하게 되었죠? 흔히 주변에서 현재의 소득 수준은 낮아도 미래 소득까지 감안해 소비하는 사람들을 심심찮게 만날 수 있습니다. 젊은 계층이 중년층보다 더 높은 소비 성향을 나타내는 것도 이런 이유 때문인데요, 이들은 자신의 소득을 현재의 월급에만 국한시키지 않고 평생 동안 벌 수 있는 높은 소득 수준을 고려해 소비하고 지출합니다. 이와

다양한 요인으로 소비가 결정되는 매장의 상품들
자료 제공 : 시공사 자료실

같이 '일생의 소득 수준을 미리 감안해 소비 수준을 결정한다'는 이론을 평생 소득 가설(life-cycle hypothesis)이라 합니다. 여기에 얽힌 재미있는 일화가 있어 소개할까 합니다.

자동차왕으로 유명한 포드는 지독한 구두쇠였으나, 포드 2세는 낭비벽이 심했다고 해요. 포드에게 부자 간의 대조적인 소비 행태에 대해 묻자 "그 녀석은 아버지를 잘 만났지만, 나는 그렇지 못했다"라고 말했답니다. 포드 2세는 거부인 부모를 과신했거나 아니면 자신의 평생 기대 소득을 부모보다 더 높게 책정해 낭비를 일삼았을 겁니다. 만약 포드 2세가 평생 소득 가설을 제대로 이해하고 낭비했다면 그렇게 걱정하지 않아도 되었을 것 같네요.

어찌됐든 소비 성향이 높은 사람들은 시간이 흐를수록 많은 부채를 안게 되니

자동차왕 포드

다. 소비 성향이 낮아도 소득 감소에 따라 불가피하게 부채가 늘기도 합니다. 우리나라의 경우 외환위기 이후 고용 감축에 따른 소득 감소로 가계의 부채가 크게 늘어났으며, 한때는 신용카드를 무분별하게 사용해 카드 대란을 경험하기도 했지요. 기업도 마찬가지입니다. 실제 수입보다 더 많이 지출하면 부채가 늘어나고, 신규 투자 지출은 많은데 매출이 예상보다 적으면 부채가 발생하게 되지요. 물론 기업은 자기 자본만으로 사업을 하지 않기 때문에 부채를 안고 시작하는 기업도 많지만, 부채가 누적되면 기업에 상당한 경영 압박이 오게 됩니다. 기업이 감당할 수준의 부채라면 상환하는 데 아무런 애로가 없겠지만, 자기 자본보다 몇 배나 많은 부채로 영업을 하는 기업이라면 부채 상환이 긴급한 현안이 될 수도 있지요.

부채를 제대로 갚지 못한 기업은 파산 절차를 밟아야 합니다. 채권자에게 소유권을 넘기기도 하고, 별도의 매각 절차를 밟아 채무를 일부 갚기도 합니다. 기업과 마찬가지로 개인에게도 파산 절차가 마련되어 있습니다. 부채가 많은 기업이나 개인은 자기 자본이 적기 때문에 당연히 누군가는 제대로 빚을 받지 못하게 됩니다. 따라서 파산은 사회의 누군가에게 큰 피해를 주게 됩니다. 자신은 분수에 넘치는 호화로운 소비를 즐기고 그 짐은 고스란히 사회의 누군가에게 넘겨주는 것이니 영원히 구원받지 못할 죄를 저지르는 것과 같은 것이지요. 우리나라도 외환위기 이후 많은 기업이 파산하면서 얼마나 많은 비용이 들어갔습니까. 국민의 세금인 공적 자금이 들어가기도 했고, 개인에게 빌린 채무는 거의 갚지 못했으며, 해당 기업은 해체되거나 구조 조정되는 비극적인 종말을 맞았습니다.

그림의 주인공처럼 물질적 욕구나 신분 상승을 위해 정략 결혼을 하거나 자신의 능력을 과신해 방탕한 생활로 부채만 늘리는 천박한 인간들의 본성과 행실은 비난받아 마땅하겠지요. 특히 권력을 가진 부패한 귀족과 돈을 미끼로 상류사회에 진입하려 안달난 상인의 모습은 우리 사회의 일면을 그대로 보는 것 같아 부끄럽기조차 하네요. 독자 여러분, 무엇을 위한 삶이 진정으로 건강하고 행복한 삶인지 호가스 그림을 감상하면서 다시 한 번 생각해보면 어떨까요? 아마도 사치 풍자 그림으로 인기 있었던 18세기의 대가는 여러분의 마음에 그 답을 넌지시 속삭여줄 것입니다.

핵심 경제 용어

거래 비용(Transaction cost): 독립적인 경제 주체 간 거래 과정에서 발생하는 모든 비용을 말한다. 예를 들어 집을 매매할 때 발생하는 거래 비용에는 등록세, 취득세, 중개사 수수료 등이 있다. 계약 조건의 협상과 체결, 체결된 계약 내용의 이행 등에 소요되는 제반 비용도 거래 비용에 해당된다. 거래 비용을 줄이려면 계약을 명확히 해야 하고, 미래에 발생할 수 있는 불확실성을 최소화해야 한다.

신호(Signal): 경제 주체가 선택을 해야 할 때 그 대상에 대한 정보가 충분하지 않은 경우가 많다. 배우자를 고를 때, 기업에서 근로자를 고용할 때, 보험 회사에서 보험가입자를 선택해야 할 때 등 수없이 많은 선택에서 상대방은 정보가 풍부하지만 선택하는 당사자는 정보가 부족한 정보의 비대칭성이 나타난다. 이런 경우 상대방은 학력, 이력서, 건강진단서 등을 통해 자신과 관련된 여러 자료를 제시하게 되는데, 이러한 노력과 정보를 신호라 한다. 정보를 평가하려는 사람은 이러한 신호를 받아 선별(screening)하는 작업을 한다.

소비 성향: 평균 소비 성향은 소득에 대한 소비 지출의 비율을 말하고, 한계 소비 성향은 소득 증가분에 대한 소비 증가분의 비율을 나타낸다. 예를 들어 월 200만 원 소득 중 120만 원을 지출한다면 평균 소비 성향은 0.6이 된다. 만약 급여가 30만 원 증가했는데 소비는 12만 원 증가했다면 한계 소비 성향은 0.4가 된다.

소비의 결정 이론: 소득이 소비의 결정 과정에 어떤 영향을 미치느냐에 따라 절대 소득 가설, 영구 소득 가설, 평생 소득 가설 등 여러 이론으로 나뉜다. 케인스가 제시한 절대 소득 가설의 경우 사람들의 소비는 현재의 절대적 소득 수준에 따라 결정된다고 생각한다. 한편 프리드먼 M. Friedman의 영구 소득 가설에서는 가계의 소비 행태가 일시적인 소득보다는 장기적인 소득 수준에 의해 결정된다고 보고 있다. 평생 소득 가설의 경우 사람들은 자신의 소득을 현재의 월급에만 국한시키지 않고, 평생 벌 수 있는 높은 소득 수준을 고려해 소비 지출을 한다는 이론이다.

10
허영과 사치를 부추긴 왕실 초상화

1701 이야생트 리고 | 〈루이 14세의 초상〉

정갑영 교수님, 이번에는 인간의 사치와 허영이 경제에 어떤 영향을 끼치는지에 관한 이야기를 나누겠습니다. 대체 인간은 왜 사치를 부리는 것일까요? 독일의 경제학자인 베르너 좀바르트W. Sombart는 사치에 탐닉하는 인간의 심리를 이렇게 풀이해요.

"권력욕, 명예욕, 과시욕, 허욕, 질투 등 타인에게 뒤지지 않으려는 욕망, 즉 남보다 돋보이려는 충동이 사치스런 행태로 나타난다."

베르너 좀바르트의 주장을 이미지로 보여준다면 훨씬 이해가 빠를 것 같아서 가장 화려하고 사치스런 그림으로 평가받는 초상화를 준비했습니다.

프랑스 루이 14세의 궁정화가인 리고가 왕을 그린 초상화(P.151)입니다. 루이 14세는 자신을 태양에 비유할 만큼 막강한 권력자였어요. 1715년 세상을 떠날 때까지 55년이라는 긴 통치 기간 동안 절대 권력을 행사했어요. 오죽하면 "짐이 곧 국가"라는 오만한 말을 남겼을까요. 게다가 백성들에게 두려움과 찬탄의 대상인 루이 14세의 위엄과 권위를 초상화에 완벽하게 재현하고 있습니다.

이 초상화는 군주초상화의 전형을 보여줍니다. 군주초상화의 공식을 철저히 준수하고 있으니까요. 군주초상화의 공식이란 제왕의 권위와 지혜로움, 용맹성 등 통치자의 덕목을 강조하는 것입니다. 서구 미술에서는 고대 그리스, 로마 시절부터 통치자를 신이나 영웅, 초인으로 묘사하는 전통이 있어요. 군주의 초상화가 정치적인 선전물의 역할을 했기 때문입니다. 통치자의 초상화는 궁정, 공식적인 접견실, 혹은 대중들이 오가는 공공 장소에 전시되었어요. 백성들은 초상화나 초상조각상을 경배하면서 군주에 대한 충성심을 길렀습니다.

이에 관한 생생한 사례를 소개하겠어요. 프랑스 궁정 예법 지침서에는 베르사유 궁전에 진열된 루이 14세 초상화를 대할 때는 실제 왕을 접견한 것처럼 경의를 표하라고 지시하고 있어요. 왕의 초상화 앞에서 등을 돌리는 것과 같은 불경스런 행동은 절대로 허용되지 않았습니다. 이런 사례에 비춰볼 때 루이 14세의 초상화는 정치 선전을 노린 군주초상화의 이상적인 모델입니다. 제왕의 권세와 부, 위풍당당함을 최대한 부각시키고 있으니까요. 자, 보세요. 리고는 전신초상화를 선택했어요. 실제 인물보다 큰 대형 전신상은 제왕의 권위를 높이는 데 적격입니다. 사람의 눈길을 단숨에 끄는 효과로 인해 왕의 막강한 권력을 극적으로 과시할 수 있거든요. 루이 14세가 평상복 대신 화려한 대관식 예복을 입은 것도 통치자의 권위를 강조하기 위해서입니다. 또 붉은 휘장 사이로 모습을 드러낸 웅장한 건축물과 바닥에 깔린 호화로운 카펫도 왕의 권력과 부를 포장하는 효과를 내고 있습니다.

자, 여기까지는 여느 군주초상화와 크게 다를 바가 없어요. 그런데 이 초상화의 유별난 점은 사치를 조장한다는 점입니다. 리고는 자신의 회화적 기량을 총동원해 그림을 가장 호화롭고 사치스럽게 만들었습니다. 왕의 화려한 외양을 보세요. 루이 14세는 사치스런 취향을 뽐내듯 실로 호화로운 모피 망토를 걸쳤어요. 푸른색 벨벳에는 황금빛 백합 문양을 섬세하게 수놓았어요. 백합은 프랑스 왕가를 상징하는 문장입니다. 황금 왕홀과 보석을 박은 칼도 사치를 좋아하는 왕의 성품을 드러냅니다. 또 왕의 가발을 보세요. 그는 기다랗고 풍성한 검은색 가발을 썼어요. 루이 14세는 프랑스 남성들에게 가발을 유행시킨 장본인입니다. 그리고 왕의 다리와 구두를 눈여겨보세요. 왕은 마치 관객을 유혹하듯 흰색 공단 스타킹을 신은 매끈한 다리를 앞으로 내밉니다. 구두에는 빨간 끈을 맸으며 구두

굽도 빨간색입니다. 새빨간색으로 장식한 왕의 화려한 구두는 그가 얼마나 사치를 즐겼는지 증명하고 있어요. 실제로 루이 14세는 유럽에서 가장 화려한 궁전인 베르사유 궁에서도 따를 사람이 없을 만큼 옷 사치, 보석 사치, 인테리어 사치, 음식 사치가 대단했어요. 1685년 한 해 보석상에게 구매한 다이아몬드 단추만 무려 118개에 달했으니까요.

루이 14세는 강력한 통치력으로 유럽의 정치, 경제, 예술, 패션에 엄청난 영향을 끼쳤어요. 하지만 왕의 사치와 허영심은 엄청난 정도를 뛰어넘어 전 유럽에 절대적인 영향을 끼칩니다.

베르사유 궁의 오렌지나무 숲. 장 밥티스트 마르탱Jean-Baptiste Martin 작품 추정

사치라는 질병의 근원지는 화려한 베르사유 궁이었어요. 베르사유 궁에서 열리는 호화로운 대연회, 무도회에서 발병한 향락과 사치병은 유럽 전역을 전염시켰어요. 사치와 쾌락, 허영심의 추구가 유럽인들의 인생 목표가 되었습니다. 유럽의 왕족과 귀족들은 프랑스풍 옷을 입고 베르사유식 사치를 즐기는 것으로 지위가 높아진다고 착각할 정도였습니다. 유럽 왕족들이 의상, 장신구, 가구, 건물, 예술품, 음식에 이르기까지 사치 경쟁을 벌이는 바람에 사치품을 생산하는 프랑스의 제조업체들은 떼돈을 벌었지요.

루이 14세 시절 작가로 활동했던 생시몽은 저서 『회상록』에서 사치와 호사를 인생의 유일한 가치로 여긴 당시 풍토를 이렇게 개탄합니다.

"루이 14세는 휘황찬란함과 화려함, 사치와 낭비를 그 누구보다 좋아했다. 사치 취향은 정치 제1원칙으로 받아들여졌고 왕은 그 원칙을 궁정에 전파시켰다. 사치와 방종, 낭비 풍토는 종양과 같아서 발생하기가 무섭게 사회 전체로 퍼져나갔다. 심지어 가난한 빈민층마저도 사치 풍조에 전염되었다."

루이 14세의 사치 취향을 잘 알고 있는 리고는 호화로운 의상과 값비싼 소도구들을 절묘하게 배치해서 왕을 사치의 제왕으로 만들었습니다. 화려함의 극치를 이룬 왕의 초상화는 유럽 군주들의 부러움을 샀어요. 유럽 왕족들은 리고에게 이와 유사한 초상화를 그려달라고 요청했어요. 루이 14세 역시 자신의 초상화에 아주 만족했어요. 왕은 원래 스페인 펠리페 5세에게 초상화를 선물할 계획이었지만 마음이 바뀌어 자신이 소장하기로 결정합니다. 루이 14세의 초상화는 사치스런 초상화의 선례가 되었어요. 리고는 초상화의 인기 덕분에 유럽 최고의 군주 초상화가로 명성을 떨치게 됩니다.

교수님, 사치와 허영을 부추긴 루이 14세의 초상화를 보면서 소비의 역사에 대한 궁금증이 생겼어요. 그에 관한 교수님의 설명을 듣고 싶습니다.

많은 사람들 사이에 루이 14세에서 16세로 이어지는 프랑스 왕가의 사치가 회자되었던 것처럼 어느 시대를 막론하고 상류층의 호화스런 소비는 가십거리가 되곤 하지요.

셰익스피어는 "황금이 창녀를 귀부인으로 만들기도 하고, 노파를 젊은 여자로 바꾸어놓기도 한다"고 너스레를 떨었고 소설가 서머셋 모음은 "돈의 가장 큰 힘은 곧 물질적인 자유"라고 말했습니다. 세상에는 돈으로 살 수 없는 것도 많지만, 돈만큼 많은 것을 얻을 수 있게 하는 것도 없는 듯합니다. 특히 상류층에는 자기 과시를 위해 돈을 쓰며, 호화로운 소비를 통한 부의 무한함을 보여주려는 사람들이 많은 것 같습니다.

사치스런 소비의 역사는 19세기 미국에서 절정에 이릅니다. 여러 나라에서 인구가 유입되고 자유분방한 개인주의 문화 속에서 사치스런 소비도 급속히 증가했지요. 이 시기의 호황을 일컬어 황금시대(The Gilded Age), 즉 황금으로 덧칠한 사치의 시대라고 합니다. 이 이름은 마크 트웨인과 찰스 더들리 워너의 소설 『The Gilded Age』(1873)에서 유래되었습니다. 승마에 초대된 손님이 말 위에서 요즘 시가로 1만 달러짜리 음식을 대접받고, 100달러짜리(현 시가로 약 5,000달러) 현찰을 말아 만든 담배를 피웠으며, 멀쩡한 이를 뚫어 다이아몬드를 박아넣는가 하면, 애완견에게 1만 달러짜리 목걸이를 걸어주는 일도 서슴지 않았다고 해요. 거부 짐 브래디는 친구 러셀에게 선물할 자전거의 바퀴살을 다이아몬드, 에메랄드, 루비로 장식했고 파티에 초대한 모든 손님에게 다이아몬드 시계와 브

사치적인 소비를 '과시적 소비'로 설명한 베블렌

로치를 선물했답니다. 그런가 하면 악어 가죽으로 모든 가구를 장식하려는 사람들이 아프리카 사파리 클럽에 50만 달러의 회비를 지급하면서 이 모임을 결성한 스테토스 부인에게 모여들었다고 하네요 (김학은,『폰지 게임과 베짓 처방』에서 사례 인용). 당시 밍크 코트는 아이들 장난감 값에도 미치지 못했을 겁니다.

당시 사치 소비의 극치를 목격한 경제학자 베블렌T. Veblen은 이 현상을 '과시적 소비(conspicuous consumption)'라 설명했습니다. 돈을 자랑하려는 경쟁의 본능에서 과시용 소비 행태가 나타난 거죠. 소비가 부의 상징이 되었고, 사치스런 소비와 여가를 즐기는 유한有閑 계급이 등장했으며, 선물이나 상패, 애완 동물, 호화 여행, 사치스런 교육 행태 등 모든 부문에 걸쳐 유한 계급의 과시 소비가 드러나게 됩니다. 이런 재화를 베블렌재(Veblen's goods)라 부르기도 합니다. 과시 소비가 등장하면 가격의 상승과 함께 수요가 줄어드는 것이 아니라 오히려 일부 사치재처럼 수요가 늘어나는 기현상(?)이 나타납니다. 남에게 과시하기 위한 소비이니 가격 수준이 높아질수록 수요가 늘어날 수밖에요.

이처럼 과시 소비는 과시 가격이 높아질수록 오히려 증가하는 특징이 있습니다. 진품처럼 보이는 가짜 보석들을 모조품인 줄 알면서도 구입하는 이유도 남들에게 고가의 '진품인 양' 과시할 수 있기 때문이지요. 정도의 차이는 있어도 체면을 중시하는 우리 문화에도 과시 소비 형태가 상당히 많이 나타납니다.

베블렌은 과시 가격을 중시하는 소비 행태를 자본주의 사회의 병폐라 지적하고 미국의 대공황을 예언했으나, 아무도 그의 말에 귀를 기울이지 않았습니다. 그러나 그의 예측대로 과시 소비의 절정은 결국 대공황으로 이어졌습니다. 루이 14세 이후 프랑스가 겪었던 운명을 그대로 답습한 것이지요.

사치와 부패를 거론할 때 프랑스혁명 직전의 루이 16세 시절을 빼놓을 수 없을 것 같은데요, 당시 사치의 핵심이었던 왕족의 초상화도 많이 남아 있겠지요? 그중 단연 백미로 손꼽을 수 있는 왕후 마리 앙투아네트의 초상화에서도 허영과 사치의 흔적을 발견할 수 있을 것 같습니다. 관장님, 내친 김에 마리 앙투아네트의 초상화를 감상하면 어떨까요?

네, 사치 하면 루이 16세의 왕비인 마리 앙투아네트를 빼놓을 수 없지요. 인류에 회자되는 왕비의 화려한 모습을 당대 가장 유명한 여성 화가인 루이스 비제 르브랭이 초상화에 재현했습니다.

마리 앙투아네트 왕비는 당시 유행한 호사스러운 비단 드레스를 입었어요.
루이스 비제 르브랭이 초상화에 묘사했듯 왕비는 베르사유 궁정의 패션 리더였어요. 왕세자비 시절부터 옷 사치, 장신구 사치가 남달랐어요. 왕비의 의상비 지출이 눈덩이처럼 늘어난 사실을 증명한 왕실 기록이 지금도 남아 있습니다. 하지만 왕비의 낭비벽을 무조건 비난할 수만은 없어요. 당시 베르사유 궁정의 멋쟁이들, 특히 왕의 총애를 받는 후궁들은 상상을 초월한 사치를 부렸으니까요. 왕비는 후궁들보다 자신의 지위가 월등하게 높다는 것을 보여주기 위해서라도 허영을 부려야 했습니다. 온갖 치장을 한 왕비의 헤어스타일을 보세요. 이처럼 화려한 헤어스타일을 연출하려면 막대한 돈과 시간이 듭니다. 기름칠한 양털 말총

루이스 비제 르브랭 | 〈마리 앙투아네트의 초상〉

심으로 정교하게 가발틀을 짠 후, 틀 위에 석고 반죽으로 본래 머리카락을 착 붙여 세운 다음 가짜 모발을 겹겹이 덧붙입니다. 어디 그뿐인가요? 머리카락을 지지고 볶고 쿠션과 철사 뼈대를 넣어 산처럼 부풀린 후 꽃이나 새의 깃털, 채소, 보석, 레이스로 장식하고 전분을 뿌립니다. 얼마나 머리카락을 부풀렸던지 마리 앙투아네트가 마차에 오르려면 테트(머리 부분 가발)를 떼내야만 했어요.

왕비를 비롯한 왕족들의 사치를 감당할 수 없었던 정부는 가난한 백성들에게 세금을 짜냅니다. 국민들은 하루치 빵을 구하기도 힘든 처지인데 궁정에서는 밤새도록 무도회를 벌인다, 야회복을 맞춘다, 머리 치장을 한다면서 혈세를 낭비하니까 분노한 민중들은 폭동을 일으킵니다. 프랑스혁명이 일어나면서 사치와 향락에 탐닉한 왕족과 귀족들은 비참한 종말을 맞습니다. 1793년 루이 16세가 단두대의 이슬로 사라졌고 앙투아네트 왕비도 같은 해 10월 16일에 처형을 당합니다. 당시 왕비의 죄목은 반역과 사치, 낭비였어요. 왕비의 화려한 초상화는 사치가 얼마나 무서운 결과를 낳는지 보여주는 생생한 사례가 되겠어요.

역시 그녀의 이름에 걸맞게 허영과 사치도 상상을 초월했네요. 로코코 극장에 왕정을 풍자한 〈휘가로의 결혼〉을 공연하게 하고, 스스로 〈세비야의 이발사〉에 출연하기도 했다지요. 사치와 권세가 오죽했으면, 왕가에서 버려진 고아 잔이 그녀의 이름을 팔아 160만 루블의 다이아몬드를 사기로 구입할 수 있었겠어요.

물론 부패는 왕후만 저지른 것이 아니었습니다. 고위직의 매관매직이 얼마나 극심했으면 판검사 취임선서문에 그 직책을 얻기 위해 돈을 쓰지 않았다는 내용마저 포함시켰겠어요.

"취임 첫날을 위증죄로 시작했다."

그들에 대한 후세 역사가들의 흥미로운 평가입니다.

당시는 봉건왕정이라 귀족과 서민은 완전히 유리된 채 살았습니다. 행차길의 귀부인에게 휘파람을 불었다는 이유로 수십 년의 형을 받은 서민이 있는가 하면 평범한 의사 마네트의 경우 우연히 귀족의 비밀을 알게 되었다는 죄목으로 바스티유 감옥에서 18년을 보내야만 했다지요. 석방이 된 마네트는 귀족 문화의 부패와 잔인성에 역겨움을 느껴 런던으로 이주합니다. 마네트의 기구한 인생은 디킨즈 소설『두 도시의 이야기』의 플롯을 제공합니다. 그래서일까요, 이 작품을 대

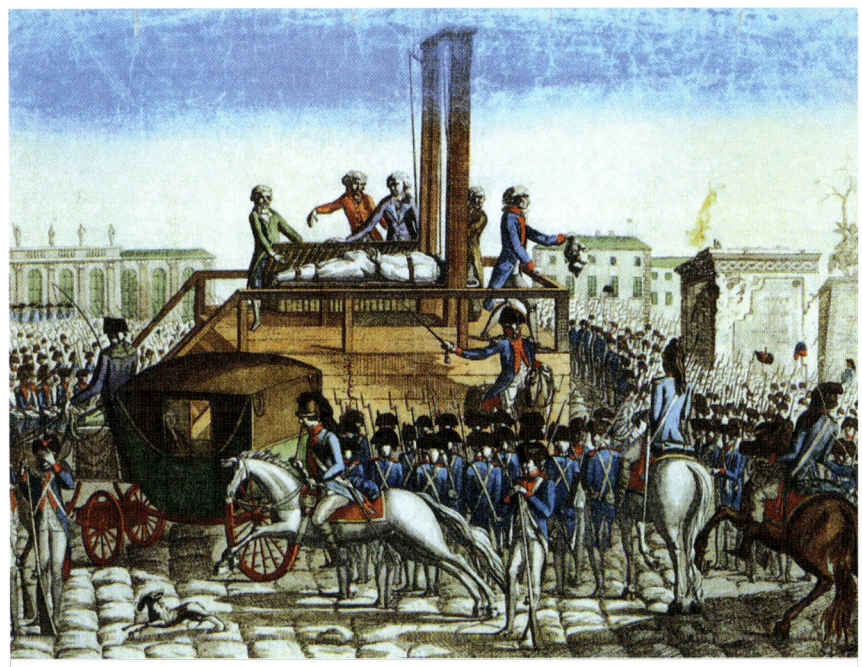

단두대의 이슬로 사라진 루이 16세

하노라면 귀족 문화의 횡포로 자신들의 생명조차 제대로 보전하지 못하는 서민들의 처연함이 그대로 담겨 있습니다.

마리 앙투아네트 이야기는 이쯤에서 접고 당시 프랑스의 왕가나 귀족들의 사치스런 생활이 가능했던 이유에 눈을 돌려볼까 해요. 그들이 마음껏 향락을 누릴 수 있었던 것은 국민들의 세금, 정부가 채권을 발행해 얻은 빚, 그리고 돈을 찍어냄으로써 가능했던 것입니다. 그런 까닭에 왕가의 사치스런 생활 뒤에는 가혹하게 세금을 거두는 가렴주구 苛斂誅求의 행태가 등장하게 마련이지요. 루이 16세를 처형한 프랑스혁명이나, 신사의 나라 영국이 미국에 세금을 부과하다가 보스턴 차茶 사건으로 독립전쟁의 빌미를 제공한 것도 이유는 하나였습니다. 오죽하면 성인 예수도 '터무니없이 세금을 매기는 바리새인'에게 흥분했겠어요.

아, 이 이야기를 듣고 질문하는 독자분이 있군요. 공정한 과세 기준을 마련하면 불합리한 세금 징수는 막을 수 있지 않느냐고 말입니다. 물론 경제학에서는 공평한 과세의 기준을 세우고 있어요. 그러나 어떻게 모든 국민이 만족하는 방식으로 세금을 부과할 수 있겠습니까. 모두가 흡족해 하는 과세의 기준이 있다면 '당신에겐 세금을 물리지 말고/내게도 물리지 말고/저 나무 뒤에 숨은 사람에게만 물리시오'(러셀 롱의 시)가 아닐까요?

그럼에도 세금을 부과하는 몇 가지 '공평한 기준'은 있습니다.

첫째는 '쓰는 대로' 내야 한다는 원칙입니다. 정부가 제공하는 서비스를 활용하는 정도에 따라 세금을 부과하자는 것이죠. 예를 들어 도로 건설의 재원으로 사용되는 휘발유세의 경우 도로를 많이 활용하는 사람들이 더 많이 내야 한다는 것이지요. 경찰의 방범 서비스도, 공항과 항만의 서비스도 마찬가지입니다. 많이 쓰는 사람이 더 많이 내야 하기에 부자가 더 내야 한다는 주장마저 뒷받침합니다. 이것을 수익자가 부담하는 '조세의 편익 원칙'이라고 합니다.

두 번째는 세금 부담 능력에 따라 세금 규모를 결정하는 것입니다. 모든 소득에 일정 비율을 곱하여 세금을 내는 비례세를 도입하기도 하고, 능력 있는 사람이 더 많이 내도록 누진세를 부과하기도 하지요. 누진세는 능력 있는 사람은 '더욱더' 많이 내야 하는 것이므로 여론은 항상 누진세를 지지합니다.

이런 기준에도 불구하고 모두가 만족하는 공평의 원칙은 찾기가 몹시 힘듭니다. 누구나 할 것 없이 '나무 뒤에 숨은 사람'이 자기들보다 더 많이 내주기를 바라고 있기 때문이지요.

루이 16세 집권시에는 조세의 원칙이 제대로 지켜지지도 않았을 것이고, 정치적 혼란기마저 겹쳐 정부의 세금 수입도 충분치 않았을 겁니다. 이런 처지에 놓인 국가는 화폐를 찍어 손쉽게 수입을 확보하려 합니다. 그러나 화폐를 발행해 자금을 조달하면 인플레이션이 발생하지요. 즉 정부는 수입을 늘릴 수 있지만 국민들의 지갑 속에 있는 화폐 가치는 떨어집니다. 따라서

당시 프랑스 농민들의 참혹한 실정을 풍자한 그림

인플레이션은 곧 화폐를 갖고 있는 사람에게 세금을 부과한 것과 같은 영향을 미칩니다. '인플레이션 세금'을 부과하는 셈이죠. 한 가지 차이가 있다면, 고지서도 없이 '바람과 함께' 우리의 수입을 감소시킨다는 것일까요?

실제 '인플레이션 세금의 뿌리'는 상당히 깊습니다. 중세의 봉건영주는 자신의 성내에서 화폐 주조貨幣鑄造에 대한 배타적 독점권을 갖고 있었지요. 당시부터 화폐 주조로 영주의 수입을 확보하는 것을 화폐주조세(seigniorage) 또는 화폐주조료라 불렀습니다. 봉건영주(senior)를 의미하는 프랑스어의 어원에서 기인한 것이죠. 프랑스혁명 전후에도 이런 일은 비일비재했습니다. 호화로운 사치로 꿈속 같은 생활을 하는 왕족과 적자 재정을 메우기 위해 혹독한 세금, 화폐주조세, 인플레이션으로 인한 고지서 없는 세금을 고스란히 떠안은 당시의 서민들. 하루하루 고단한 삶을 살아가야 할 서민들 입장에서 프랑스의 귀족과 왕족들을 단두대로 이끈 혁명은 생존을 위한 최후의 선택이었을 겁니다.

핵심 경제 용어

과시적 소비 (Conspicious consumption) : 베블렌은 소비자가 어떤 물건을 구입할 때 두 가지 가격을 동시에 고려한다고 주장했다. 즉 실제 지불하는 시장 가격뿐 아니라 '남들이 얼마를 주었을 것이라고 기대하는 가격'까지 감안하는 것이다. 내가 산 물건에 대해 남들이 기대하는 가격을 과시 가격(conspicious price)이라 하는데, 이렇게 타인의 시선을 중요하게 생각해 소비를 결정하는 것을 과시적 소비라고 한다. 필요에 의한 소비가 아니라 돈을 자랑하기 위해 소비하는 것을 의미한다.

베블렌재(Veblen's goods) : 과시 가격이 상승함에 따라 나타나는 수요의 증대(+) 효과를 베블렌 효과라 하고, 가격 상승에 따른 수요 감소(−) 효과보다 베블렌 효과가 더 큰 재화를 베블렌 재화라 부른다. 베블렌 재화는 대부분 고급 사치품이다. 예를 들어 명품의 가격이 10퍼센트 상승했다고 가정하자. 일반적인 경우에는 가격이 상승함에 따라 수요가 감소한다. 그러나 남들에게 과시할 수 있는 사치재의 경우 오히려 수요가 증가한다. 사치품의 가격이 올라가면 오히려 수요가 늘어나는 경우도 여기에 해당된다.

사치재 : 소득의 증가율보다 소비가 더 높은 비율로 증가하고, 수요의 가격탄력성도 큰 재화를 말한다. 따라서 소득이 1퍼센트 증가하면, 소비는 1퍼센트 이상 늘어나서 수요의 소득탄력성이 크다. 고급 승용차, 골프용품, 귀금속 등이 사치재에 속한다. 사치재는 가격 변동에도 수요가 민감하게 반응하여 가격탄력성도 크다.

비례세(Proportional tax)와 누진세(Progressive tax) : 비례세는 소득 수준에 상관없이 동일한 비율로 세금을 부과하는 방식이다. 예를 들어 음료수, 담배 등 일상적으로 소비하는 재화에는 모두 일정 비율의 세금이 포함되어 있다. 비례세는 공평성의 원칙을 존중하여 소득 수준에 관계없이 같은 양의 재화를 구입하면 똑같은 세금을 낸다. 반면, 소득 금액이 커질수록 높은 세율을 적용하는 방식을 누진세라 한다. 소득 수준이 높아질수록 세율도 높아지는 소득세의 경우가 대표적인 누진세다. 누진세는 계층 간 불평등을 보정하기 위한 수단으로 많이 활용되어 고소득자에게는 많은 세금을, 저소득자에게는 적은 세금을 부과하는 구조를 갖고 있다.

11
튤립 정물화는 투기 파동의 산물

1620년경 | 다니엘 세게르스 | 〈튤립 꽃병〉

정갑영 교수님, 아름다움의 상징인 꽃이 투기 열풍을 불러일으키던 시절이 있었어요. 바로 17세기 네덜란드에서 발생한 일인데요, 당시에는 튤립 투기가 극성을 부렸습니다. 최상급 튤립 구근 한 개를 사기 위해 전 재산을 털기도 했으니까요.

믿거나 말거나 수준의 황당한 얘기가 아닐 수 없는데요, 튤립 정물화(P.167)를 감상하면서 왜 이런 어처구니없는 현상이 벌어졌는지 추적해보겠습니다.

유리 화병에 황홀할 정도로 아름다운 튤립이 꽂혀 있어요. 튤립은 17세기 중반 네덜란드인들이 열광했던 최상급 튤립인 총독입니다. 총독이 최고 인기 품종이 된 것은 신비한 불꽃 모양의 줄 무늬를 지녔기 때문입니다. 당시 가장 인기있는 튤립들은 바탕색에 불꽃처럼 황홀한 무늬가 새겨진 변종 튤립이었어요. 이 그림 속 튤립도 바탕색에 빨강색, 자주색의 불꽃 무늬가 장식되어 있습니다. 이런 줄 무늬 튤립들은 당시에는 부르는 것이 값이었어요.

예를 들면 신의 꽃으로 찬미받던 '셈페르 아우구스투스 Semper Augustus'는 얼마나 탐내는 사람들이 많았던지 튤립 한 뿌리를 4,840미터에 달하는 땅과 교환하자고 구매자가 통사정을 해도 거절당할 정도였어요. '셈페르 아우구스투스'의 인기가 하늘을 찌를 듯 높았지만 실제로는 거래되지 않았어요. 워낙 희귀한데다 상상을 초월할 정도로 값이 비쌌기 때문입니다.

찰스 맥케이의 저서 『대중의 미망과 광기』에는 '셈페르 아우구스투스'에 관한 촌철살인의 일화가 수록되어 있어요. 일화는 다음과 같아요. 동방 무역에서 큰돈을 번 한 부자 상인이 교역을 도와준 선원을 아침 식사에 초대합니다. 그런데 선원은 상인의 책상에 놓인 튤립 구근을 양파로 착각하고 식탁으로 가져가서 먹어요. 아침 식사의 주 메뉴가 청어요리였거든요. 뒤늦게 그 사실을 알게 된 상인은 기절할 지경에 이릅니다. 선원이 먹고 있는 구근은 튤립의 여왕인 셈페르 아우구스투스였거든요. 선원은 세상에서 가장 값비싼 꽃뿌리를 먹어치운 대가로 몇 달 동안 옥살이를 합니다. 교수님, 셈페르 아우구스투스가 튤립의 명품이 된 것은 색상의 선명도나 불꽃 무늬의 강렬함이 다른 튤립을 단연 능가했기 때문입니다. 하지만 단지 황홀한 아름다움을 지녔다는 이유만으로 보석도 아닌 꽃이 그토록 터무니없는 가격에 거래되지는 않았겠지요. 분명 까닭이 있을 텐데요, 시대적 배경을 살피면 의문에 대한 해답을 얻을 수 있겠습니다.

튤립 열풍을 부채질한 결정적인 요인은 당시 네덜란드 경제가 유례없는 호황을 누렸기 때문입니다. 1579년 저지대 연합국 7개국이 스페인 펠리페 2세의 식민지 통치에서 벗어나 독립국이 되면서 네덜란드는 유럽 무역의 중심지로 급부상합니다. 암스테르담과 로테르담 항구에는 대형 선박들이 즐비하고, 창고에는 상품들이 넘쳐나고, 거리는 세계 각국에서 몰려든 선원과 무역상들로 북적거렸어요. 후세인들은 이 시기를 가리켜서 황금시대라고 부릅니다. 교역으로 때돈을 번 상인들은 쉼터의 필요성을 절감합니다. 상인들은 도시 외곽에 멋진 교외 주택을 짓습니다. 교외에 아름다운 별장이 생기면서 부유층 사이에서 정원 가꾸기가 유행합니다. 부자들은 앞다투어 자신의 정원에 값비싼 수입산 식물들을 심어요. 집주인은 친지들에게 진귀한 수입 꽃들이 화려한 자태를 뽐내는 정원을 자랑하면서 삶의 풍요로움을 만끽했습니다.

정원 가꾸기가 유행하면서 식물학과 원예술에 관심을 가진 네덜란드인들이 늘어납니다.

1620년경에 이르면 부유층 사이에서 원예 취미가 유행병처럼 번지면서 다양한 꽃들이 수입됩니다. 공급은 딸리고 수요가 많아지면서 새롭고 진기한 수입산 꽃들은 비싼 값에 거래되었어요. 그중 가장 인기를 끈 꽃은 튤립이었어요. 정원 애호가들은 화려한 색상에 다양한 변종 생산이 가능한 튤립에 매혹당했어요. 튤립에 푹 빠진 사람들은 남보다 더 화려하고 강렬한 색상의 신품종을 생산하기 위해 치열한 경쟁을 벌입니다. 그 바람에 엄청난 수의 튤립 변종이 생겨났어요. 튤립애호가들은 신품종이 생산될 때마다 유명 정치가와 장군의 이름을 붙이면서 튤립을 향한 일편단심을 만천하에 고백했습니다. 튤립의 수요가 폭발적으로 늘어나면서 네덜란드 부자들은 튤립의 본고장인 콘스탄티노플에 사람을 보내 튤립을 사오기에 이릅니다. 부유층이 튤립을 키우지 않을 경우 교양인이 아니라고 터놓고 흉을 보았거든요. 부자들뿐 아니라 지식인들도 튤립 키우기 열풍에 빠져듭니다.

　황금시대 네덜란드인들에게 튤립은 부와 호사 취미의 상징이었어요. 하지만 이국적인 아름다움을 뽐내는 외래종 꽃은 수량이 많지 않았어요. 공급이 딸리면서 튤립은 투기의 대상이 됩니다. 특히 불꽃 형상의 줄 무늬 튤립은 아주 희귀했기 때문에 값은 천정부지로 올라갔어요.

　처음에는 꽃의 아름다움에 반했지만 이제는 떼돈을 벌 수 있다는 대박 심리가 작용해서 가난한 사람들마저도 빚을 내어 값비싼 튤립을 삽니다. 거지가 백만장자가 되는 일도 흔했으니까요. 1634년에는 튤립을 소유하려는 네덜란드인들의 열망이 광기로 번져요. 거의 모든 사람들이 생업은 내팽개치고 튤립 투기에 나섭니다. 정작 한심한 것은 대다수의 구매자들이 튤립에 대한 감식안도, 구근 재배에 대해서도 전혀 아는 바가 없다는 점입니다. 튤립으로 떼돈을 번다는 말만

믿고 무작정 투기에 뛰어든 것이지요. 튤립 투기 광풍이 불던 1635년에는 구근 거래 방식에 큰 변화가 일어납니다. 약속어음이 등장하거든요. 꽃상인들은 상도덕을 내팽개치고 땅속에 있는 튤립 뿌리까지 팔아치웁니다. 이제 구근은 더 이상 실제 교환 대상이 아닙니다. 구매자들은 자신이 산 구근의 상태나 어떤 꽃을 피울지에 대해 점검할 기회조차 박탈당한 채 달랑 약속어음만 받고 거액을 건넸어요. 이 얼마나 위험한 짓입니까.

1636년에는 진귀한 튤립 품종에 대한 수요가 폭발적으로 늘어나면서 암스테르담과 로테르담, 하알라엠에 튤립 거래 주식 시장이 생깁니다. 전문 투기꾼으로 변신한 튤립 거래 중개인들은 가격의 등락을 조작하면서 막대한 이득을 챙깁니다. 초보 투기꾼들도 돈을 번다는 소문이 퍼지면서 외국인들까지 네덜란드에 건너와 돈을 쏟아붓습니다. 증권거래소는 몰려드는 투기꾼들로 뜨겁게 달아오릅니다. 1637년 초, 튤립 광풍은 절정에 달해요. 나라 전체가 도박판으로 변했지만 투기꾼들은 활황이 영원할 것이라고 믿었어요. 하지만 혜안을 지닌 극소수의 사람들은 이런 광기가 결코 오래 가지 못할 것이라 예견합니다. 그들의 예측은 적중해요. 튤립애호가들이 시장이 통제 불가능 상태에 빠진 사실을 먼저 인식하면서 불안 심리가 급속히 확산됩니다. 투기 광풍이 식어가는 것을 눈치챈 투기꾼들은 약삭빠르게 튤립을 처분하고 재투자하지 않습니다. 그러자 거짓말처럼 거품이 쑥 빠지면서 튤립값은 폭락해요.

튤립 가격의 대폭락으로 인해 시장이 붕괴되면서 알거지들이 속출합니다. 전문 투기꾼만 돈을 벌었을 뿐 초보 투기꾼들은 죄다 무일푼이 되었어요. 파산자가 늘어나면서 국가 경제는 엄청난 타격을 입어요. 경기가 예전처럼 회복하는 데 실로 오랜 시간이 걸렸습니다. 튤립 광풍의 원인에 대해 시중에서는 사기, 음모, 조작 등 흉흉한 소문이 나돌았지만 그 누구도 명확한 결론을 내리지 못했어요. 1937년 2월 첫째 주, 네덜란드를 휩쓴 튤립 투기 광란은 대단원의 막을 내립니다. 말 그대로 한바탕 요란한 도깨비놀음이었지요.

    교수님, 그토록 아름다운 튤립이 투기 대상이 되었다는 사실은 지금도 믿기 힘든데요. 왜 이런 희한한 현상이 벌어졌는지 경제적 관점에서 설명해주세요.

튤립. 한때 이 아름다운 꽃이 투기의 대상이 되어 천문학적으로 값이 오르고, 네덜란드를 위기로 몰아넣는 튤립 공황마저 유발시켰다니 참으로 의아하기만 합니다. 별로 귀하지 않은 꽃이 왜 투기의 대상이 되었을까요?

    그 이유야 다양하겠지만 근본 원인은 사람들이 돈을 너무 좋아했기 때문입니다. 돈의 유혹에 빠져들어 환상의 늪에서 헤어나오지 못한 것이 이 같은 재앙을 불러들인 셈이지요. 당첨 가능성이 극히 희박한 복권에서 즐거움을 얻고, 위험성이 매우 높은 특정 주식에 푹 빠져 정작 거품이 사라지면 드러나게 될 실체에 대해서는 까맣게 잊어버린 것이지요. 불행히도 거품은 일시적이요, 실체는 영원한 법이지요.

    경제학에서는 자산 가치가 기본 가치(fundamental value)를 벗어나 급등하는 현상을 거품(bubble)이라고 정의합니다. 즉 주식, 상품, 부동산, 채권 등의 가격이 투기 수요로 인해 일시에 급격히 상승하는 현상을 일컫습니다. 흔히 거품보다 약한 가격 상승을 붐(boom)이라고 합니다. 물론 거품은 실수요자에 의해 발생하는 것이 아니라, 미래의 기대 수익을 찾는 투기 수요로 인해 생겨납니다. 투기 수

투기적 수요가 자주 발생하는 주식 | 자료 제공 : 시공사 자료실

요가 영원히 발생한다면, 아무도 거품을 걱정하지 않겠지만 투기 수요는 이내 사라지게 마련이지요.

사람들이 완전한 정보를 갖고 동일한 원칙하에서 합리적인 의사 결정을 한다면 거품이 생기지 않을 것입니다. 그러나 실제의 경우 정보는 소문에 의존하고, 사람들의 기대 수익, 투자 목적, 투자 기간 역시 제각각이게 마련입니다. 그래서 처음 붐을 일으킨 약삭빠른 투자자는 적당한 시기에 엄청난 수익을 얻고 빠져나오지만, 대다수의 소시민들은 막차를 타서 손실을 보는 게 다반사입니다. 이 같은 거품 현상에는 항상 공통점이 있습니다. 잘 알려지지 않은 미지의 신비로운 대상을 목표물로 삼고, 그것이 갖는 잠재 가치를 높이 평가해 많은 사람들을 동원한다는 것입니다. 수많은 개미 군단이 가세하지 않으면 결코 버블은 일어나지 않지요. 어찌 보면 돈을 좇는 우리의 나약한 심성이 거품의 공범자인 셈입니다.

튤립 정물화는 투기 파동의 산물

또한 버블은 항상 여러 사람의 희생으로 소수가 이익을 챙기는 결과를 가져옵니다.

거품 현상은 시공을 뛰어넘어 각국의 경제를 교란시켜왔지요. 네덜란드의 튤립 광풍뿐만 아니라, 영국도 1840년대 철도 거품에 시달렸습니다. 미국 역시 1930년대 초 주식 가격 폭락이라는 아픔을 겪었고, 1982년에는 금값의 거품이 빠져나가면서 온스당 850달러에 거래되던 것이 350달러로 폭락하는 대홍역을 치르기도 했습니다.

프랑스의 루이 14세~16세 시기에도 역사적으로 유명한 '미시시피 거품'이 있었지요. 이 사건의 주역은 존 로John Law였습니다. 그는 살인죄로 영국에서 복역하던 중 감옥에서 탈출해 대륙으로 건너갔습니다. 로는 당시 금 본위 제도와 유사하게 금 대신 토지를 담보로 돈을 발행할 수 있는 제도를 고안했습니다. 돈을 쓰고 싶은 사람은 은행에 토지를 맡기고, 은행은 토지를 근거로 지폐를 발행하는 토지 본위 제도를 개발한 것이지요.

이 제도가 루이 15세 때 빛을 보아 왕실의 빚을 대납하는 조건으로 왕립 은행의 설립권을 받아냅니다. 이 은행은 토지를 담보로 은행권을 발행하고, 그 지폐는 언제라도 금으로 태환 兌換할 수 있게 했습니다. 미국 대륙에 엄청난 토지를 가진 프랑스는 이 제도하에서 무한히 많은 지폐를 발행할 수 있었고, 금과 바꿀 수 있는 태환을 보장했습니다. 이 지폐의 인기는 실로 대단했습니다. 왕실의 빚도 간단히 해결되는 듯했습니다. 그러나 태환을 보장하기 위해 엄청나게 많은 금이 필요해졌습니다. 그래서 로는 미시시피라는 회사를 설립하게 됩니다.

미시시피 회사는 미국 루이지애나의 금광 개발이 목적이었고, 당시 금이 있다는 확실한 증거가 부족했음에도 금광 개발이라는 신비의 호재를 타고 주가가 폭등하기 시작했습니다. 미시시피는 돈을 모으기 위해 주식 발행을 늘려나갔고,

주식은 돈으로 바뀌어 다시 은행으로 되돌아왔습니다. 그러나 그 돈은 왕실의 빚 갚기에 충당되었을 뿐, 실제 금광 개발에는 투자되지 않았지요. 그럼에도 사람들은 지폐를 금으로 바꿀 수 있다는 허황된 믿음을 버리지 않았습니다.

토지 본위 제도를 십분 활용한 루이 15세

모든 거품은 본질적인 기본 가치로 끝나게 됩니다. 지폐는 많이 풀렸지만, 금광은 개발되지 않았고, 물가는 폭등하기 시작했습니다. 지폐 가치가 하루가 다르게 폭락하니, 사람들은 미시시피 회사의 주식을 돈이 아닌 금으로 태환해줄 것을 요구했습니다. 그러나 그것은 불가능한 일이었고, 태환을 금지한다는 왕명과 함께 왕립 은행은 폭동으로 붕괴됩니다. 휴지로 변한 지폐더미에 묻힌 프랑스 경제는 큰 혼란을 겪게 되었지요. 또다시 로는 탈출했지만 베니스에서 무일푼으로 죽었고, 한동안 프랑스 국민들은 은행을 믿지 않는 습관이 생겨났다고 합니다.

미시시피 거품과 비슷한 시기에 남미와의 독점적 무역권을 전제로 설립된 영국의 남해 회사(South Sea) 사건도 이와 유사한 사례입니다. 너도 나도 미지의 세계인 남미와의 교역에서 엄청난 수익을 올리리라 기대했지만, 결국 거품은 사라지고 주가는 폭락하고 말았지요. 이 사태에 휘말려 2만 달러를 날려버린 뉴턴은 "나는 만유인력을 측정할 수 있어도 사람의 마음을 계측할 수는 없었다"며 나약

튤립 정물화는 투기 파동의 산물 175

한 인간의 모습을 고백했습니다.

관장님, 투기와 거품을 이야기할 때 빼놓을 수 없는 용어가 하나 있습니다. 폰지 게임이라는 것인데요. 이 용어를 설명하기 전에 카를로 폰지C. Ponzi를 이야기해야겠습니다. 그는 1920년대 플로리다의 개발붐을 악용해 허황된 주택 투자로 많은 사람들을 끌어모았습니다. 은행이 택지값의 10퍼센트만 있어도 건축비를 빌려주었고, 거기에 몇 주 사이에 땅값이 두 배로 뛰는 분위기마저 가세했습니다. 당연히 높은 이익 보장에 넋이 나간 수많은 사람들이 몰려들었겠지요. 폰지는 앞서 투자한 사람에게는 다음 투자자가 내놓은 자금으로 높은 이익을 보상해주는 묘안을 발휘했습니다. 한동안 사업은 성공을 거두었지요. 높은 수익에 대한 소문으로 투자가 끝없이 늘어났으니까요. 그러나 거품은 이내 실체를 드러내는 법, 3년이 지나도 약속한 새 집은 없었고 10억 달러의 투자 원금은 1,400만 달러만을 남겨놓은 채 허공으로 사라져버렸습니다. 무일푼이 된 폰지는 감옥에서 사라졌습니다.

그 후 경제학자들은 실제 수익보다도 이자가 더 많은 버블을 좇는 행태를 폰지 게임이라고 부르게 되었습니다. 이익이 생기지도 않는데 어디서 이자가 나오겠습니까. 하지만 이상하게도 사람들은 그 버블을 믿고 싶어 합니다. 지금도 돈의 달콤한 묘약에서 깨어나지 못하고 폰지 게임에 열중하는 사람들이 우리 주변에 의외로 상당히 많습니다. '묻지 마 투자'를 늘 경계해야 합니다. 붐이 버블로 바뀌는 순간은 늘 거품에 가려 있는 법이니까요.

관장님, 제가 아무래도 명화 감상에 깊이 사로잡힌 모양입니다. 튤립 그림을 보면서 그 안에 내포된 의미가 못내 궁금해졌거든요.

암브로시우스 보스하르트 | 〈꽃병〉

네, 꽃 정물화에 등장한 튤립은 바로 광기와 어리석음의 상징입니다.

아름다운 튤립이 광기와 어리석음을 의미하게 된 것은 유럽을 떠들썩하게 만든 튤립 투기 광풍 때문이지요. 꽃그림 창시자이면서 꽃 전문 화가로 명성을 떨친 보스하르트는 인간의 탐욕을 꾸짖기 위해 이 정물화(P.177)를 그렸어요. 꽃은 황홀한 아름다움을 자랑하지만 이내 시들기 때문에 삶의 덧없음과 물욕의 허망함을 나타내는 데 적격이지요.

그런데 교수님, 셈페르 아우구스투스 같은 희귀 품종에서 신비한 줄 무늬가 형성된 원인이 무엇인지 아세요? 20세기에 접어들면서 런던의 존 인 원예 연구소가 튤립수집가들을 미치게 만든 강렬하고 화려한 줄 무늬의 비밀을 밝혀내어 사람들을 큰 충격에 빠뜨렸어요. 왜냐하면 튤립의 황홀한 줄 무늬를 만든 신의 손은 바로 모자이크 바이러스라고 발표했거든요.

질병에 감염된 튤립에서 아름다운 줄 무늬가 형성된다는 이 놀라운 사실!
바이러스에 감염된 꽃이 내뿜는 치명적인 아름다움을 소유하기 위해 사람들이 그토록 막대한 돈을 퍼붓고 뼈 아픈 대가를 치렀다는 사실은 후세인들에게 큰 교훈을 줍니다. 네덜란드인들도 최상급 줄 무늬 튤립이란 아름다움에 대한 인간의 갈망과 탐욕이 빚어낸 몬스터임을 뒤늦게 깨달은 것 같아요. 하지만 네덜란드인들은 지금도 세상에서 튤립을 가장 좋아합니다. 예전과 다른 점이 있다면 소유욕이 아닌 사랑의 대상으로 바라본다는 점이지요.

참으로 놀랍군요, 질병에 감염된 튤립의 줄 무늬가 사람들을 그렇게 현혹시킬 줄 누가 알았겠습니까. 그렇다면 경제학적 관점에서 보았을 때 튤립 가격의 폭등 원인은 무엇일까요?

우선 사람들의 미美에 대한 관심을 들 수 있겠어요. 아름다워지고 싶어 하는 원초적 본능 때문일까요, 고급 화장품이나 성형 등에 뿌리는 돈은 가히 천문학적입니다. 주변 환경을 아름답게 장식하는 데도 엄청난 지출을 마다하지 않습니다.

하지만 미를 추구하는 것과 관련된 재화와 서비스는 모두 사치재에 해당됩니다. 사치재는 가격탄력성이 크고, 소득탄력성도 높게 나타나며, 공급의 탄력성은 대체로 낮게 나타납니다. 소득이 높아진다거나 유행으로 갑자기 수요가 많아지거나, 공급이 일시적으로 부족해지면 가격이 상승하게 되는 것이지요. 조그만 변화에도 가격이 폭등하기 쉬운 것이지요.

또 다른 요인으로 희소성을 들 수 있습니다. 수집가들은 엄청난 비용을 주고서라도 잘못 찍혀나온 화폐나 우표를 사려고 하지요. 일련 번호가 앞에 있는 경우도 마찬가지고요. 희소성으로 인한 기본 가치의 상승이라고 볼 수 있습니다. 여기에 수요까지 몰린다면 어떻게 될까요? 네, 초과 수요로 인해 가격이 더욱 상승할 것입니다.

비록 모자이크 바이러스가 식물 세계에서는 치명적인 질병일지 몰라도 인간의 눈에는 희귀한 아름다움으로 비춰졌으니 당연히 가격이 폭등할 수밖에 없었겠지요. 게다가 거품까지 붙는다면 다른 튤립보다 훨씬 높은 가격에 거래되었을 것입니다.

돈을 사랑하는 사람들이 부른 환상, 튤립 투기 열풍. 하지만 여전히 그 누군가는 또 다른 투기 열풍을 찾아 헤매고 있을 것입니다. 아쉽게도 인류의 역사가 계속되는 한 탐욕은 우리와 영원히 동행할 것입니다. 아름다운 튤립에 중독되듯 그 어떤 대가를 치른다고 해도 헛된 욕망은 쉽게 사라지지 않을 것입니다.

핵심 경제 용어

거품(버블, Bubble): 시장 가격이 본질적인 내재 가치보다 높게 평가된 경우 그 차이를 거품이라 한다. 내재 가치는 자산으로부터 얻을 수 있는 미래의 기대 수익을 현재의 가치로 평가하는 것을 의미한다. 내재 가치를 정확히 평가하기 어려운 경우가 많으나, 다른 재화와 비교해 상대적으로 시장 가격이 지나치게 상승했을 경우 거품이 생성되었다고 본다. 거품은 대체로 투기 때문에 발생하며, 이때 가격은 일정 수준을 지나면 급락하여 본질적인 기본 가치에 수렴하게 되고, 이 과정에서 거품 가격으로 재화를 구입한 많은 수요자들이 큰 피해를 입는다.

금 본위 제도(Gold standard): 화폐 단위의 가치와 금의 일정량의 가치가 같도록 유지시키는 제도다. 당연히 금 본위 제도에서는 일정량의 금과 지폐를 교환해주었다. 19세기 영국을 중심으로 발전했고, 달러화의 경우 1971년 미국의 닉슨 Nixon 대통령이 금태환제를 정지시킨 이후 이 제도가 적용되지 않았다. 현재는 각국이 관리통화제를 채택하여 금태환과는 관계없이 금융 당국이 통화량을 조절하는 제도를 채택하고 있다.

폰지 게임 Ponzi game: 1920년대 미국 플로리다에서 폰지라는 사업가가 세계 21개국에서 통용되는 구매 쿠폰 사업을 벌인다며 투자자들로부터 1,000만 달러를 그러모았다. 높은 배당을 약속하고 투자자를 모았지만, 실제로는 아무 사업도 하지 않았다. 처음 모은 투자액은 자신이 챙긴 후, 투자자들에게 받은 자금을 다음 투자자들에게 배당하는 방식으로 사업을 이어갔지만, 결국 후속 투자자가 없어 1년 만에 사업은 실패로 끝나고, 폰지는 감옥에서 무일푼으로 죽었다. 이후 이자가 수익보다 큰 형태의 사업을 '폰지 게임'이라 부른다.

소득 탄력성(Income elasticity): 소득이 변화할 때 수요량이 얼마나 민감하게 변동하는가를 나타내는 수치다. 즉 소득이 1퍼센트 변화할 때 수요량이 1퍼센트보다 더 많이 변동하면 탄력적이라 하고, 1퍼센트 이하로 변동하면 비탄력적이라 한다. 소득이 늘어날 때 수요량이 늘어나는 재화를 정상재라 하며, 오히려 수요량이 감소하는 재화를 열등재라 한다.

12
거리 마케팅의 원조, 포스터

1891 | 툴루즈 로트레크 | 〈물랭 루즈의 라 귈르〉

정갑영 교수님, 오늘날에는 광고 같은 예술품, 예술품 같은 광고를 주변에서 쉽게 발견할 수 있습니다. 요즘 한창 인기를 끄는 단어인 퓨전, 컨버전스, 통합의 정신을 구현하는 대표적인 사례가 되겠어요.

그러나 20세기 이전만 하더라도 예술가들은 순수 미술과 상업 미술을 비빔밥처럼 섞는다는 생각은 꿈도 꾸지 못했습니다. 순수라는 단어가 말해주듯 고상한 예술의 영역에 상업적 요소가 스며드는 것을 무척 경계했었거든요. 그런데 경제가 발전하면서 상업성에 물들지 않아야만 진정한 예술혼을 꽃피울 수 있다는 고정관념에 반기를 든 예술가들이 생겨납니다. 그들은 순수미술가에게는 금기인 상업적인 요소를 과감히 순수 미술의 영역에 끌어들여 사람들에게 큰 충격을 주었어요. 그래서 이번 시간에는 순수 미술과 상업 미술의 융합을 실현한 선구자들은 누구이며 그들은 왜 우아함의 상징인 예술과 물욕의 상징인 상업성의 통합을 시도했는지 그 과정을 살펴보겠어요.

교수님, 석판화로 제작한 이 포스터(P.183)가 바로 순수 미술과 상업 미술을 결합한 대표적인 작품입니다. 좀더 정확히 말하자면 '예술 같은 광고'의 모델이지요. 포스터를 제작한 사람은 몽마르트르의 전설적인 화가로 불린 인상파 화가 로트레크입니다. 로트레크가 활동하던 시절 파리에는 물랭 루즈(붉은 풍차)라는 유명한 유흥업소가 있었어요. 이 신흥 유흥업소는 얼마나 인기가 높았던지 파리 시민뿐 아니라 전 세계 관광객들도 즐겨 찾았습니다. 물랭 루즈가 환락가의 명소가 된 것은 라 귈르와 발랭탱이라는 두 천재 댄서가 관객들의 넋을 송두리째 빼놓았기 때문입니다. 라 귈르는 일명 춤추는 송장으로 불릴 만큼 천부적인 재능을 지닌 댄서였어요.

마치 곡예사처럼 천장을 향해 다리를 번쩍 들어올리고, 뼈가 으스러질 정도로 격렬한 발동작으로 마룻바닥을 구르고, 스커트를 부채처럼 요란하게 흔들어 대면서 신들린 듯 춤을 추었어요. 발랭탱의 춤실력도 라 귈르에게 뒤지지 않았어요. 그는 '뼈 없는 발랭탱'이라는 별명을 얻을 만큼 몸동작이 환상적이었거든요. 발랭탱이 바짝 마른 몸을 뱀처럼 흔드는 특유의 춤솜씨를 선보이면 관객들은 실내가 떠나가도록 환호성을 질렀습니다. 로트레크의 포스터에서도 유흥가의 우상으로 떠오른 라 귈르와 발랭탱의 모습을 찾을 수 있어요. 오른쪽 다리를 번쩍 들어 올리면서 신나게 춤을 추는 여인이 보이세요? 그녀가 바로 라 귈르예요. 한편 화면 앞쪽에 그림자처럼 어둡게 묘사한 남자는 발랭탱입니다. 물랭 루즈측은 자신들의 간판 스타인 라 귈르의 공연을 선전하기 위해 이 포스터를 로트레크에게 의뢰한 것이지요.

로트레크는 홍보용 포스터를 주문받은 사실을 기쁘게 받아들여요. 그는 포스터를 삼류 미술로 깔보는 동료 예술가들과 다른 생각을 갖고 있었거든요. 포스터가 비록 상업 미술이지만 미술의 지평을 넓힐 수 있는 효과적인 수단이라고 확신했습니다. 왜냐하면 그 시절의 포스터는 대중들에게 거리 미술관 역할을 하는 동시에 길거리 마케팅을 위한 가장 효과적인 수단이었기 때문입니다. 앞에서 말씀드렸듯 파리는 도시 재건축으로 인해 쾌적하고 넓은 도로를 갖게 되었어요. 툭트인 대로가 생기면서 거리를 치장할 장식 미술의 필요성이 대두됩니다.

화려한 포스터는 도시 미관을 위한 공공 미술의 역할을 하게 되어요. 한편 포스터가 거리 마케팅의 수단이 된 것은 시내가 새롭게 정비되면서 카페, 카바레, 서커스, 무도회 등 대형 유흥업소들이 들어섰기 때문입니다. 시민들은 밤이면 환락가에 몰려들어 여흥을 즐겼어요. 파리가 세계적인 유흥가로 변신하면서 거리 마케팅이 새로운 홍보 수단으로 등장합니다. 거리 마케팅의 핵심은 물론 포스터였지요.

당시 포스터가 대중들에게 얼마나 인기를 끌었는지 증명하는 사례가 있어요. 포스터가 길거리에 나붙기 시작하면서 시민들 사이에서 포스터 수집 붐이 일어납니다. 사람들은 예술성이 뛰어난 포스터를 갖기 위한 치열한 경쟁을 벌입니다. 새로운 포스터가 벽에 붙기가 무섭게 떼어내는가 하면, 포스터 붙이는 사람들을 매수해서 남보다 빨리 포스터를 손에 넣습니다. 포스터 수집가들은 로트레크의 포스터에 가장 눈독을 들였어요. 화가인 로트레크가 제작한 포스터는 예술 그 자체였거든요. 로트레크의 포스터를 부착한 선전 마차가 시내에 나타나면 거리는 마차를 뒤쫓는 시민들로 북새통을 이루었어요. 포스터의 폭발적인 인기 덕분에 로트레크는 하룻밤에 유명 인사가 되었어요. 미술사를 통틀어 가장 예술적이며 독창적인 포스터로 평가받는 이 작품을 보면 당시 대중들이 왜 그토록 로트레크의 포스터에 열광했는지 이해할 수 있습니다. 자, 보세요. 스케치풍으로 묘사한 단순하면서도 강한 선, 인물을 대담하게 절반으로 자른 참신한 구도, 화려한 색채와 글자의 절묘한 대비, 유머와 풍자가 넘치는 화면 구성은 포스터가 삼류 예술이라는 사람들의 선입관을 단숨에 무너뜨립니다.

포스터가 지닌 광고 기능을 예술적 형식에 녹여낸 로트레크의 포스터는 현재 광고 예술의 최고 걸작으로 인정받고 있어요. 많은 후예들이 그의 예술 같은 포스터를 모방하고 응용하면서 순수 미술과 상업 미술의 결합을 시도하고 있습니다.

교수님, 예술 같은 로트레크의 광고를 보면서 새삼 광고가 현대인들에게 끼친 영향에 대해 생각해보았는데요. 경제학적 관점에서 광고가 등장하게 된 배경부터 광고의 역할까지 자세히 설명해주시겠어요?

언제나 느끼는 것이지만 관장님의 경제학에 대한 관심은 끝이 없는 것 같습니다. 우선 긴 설명의 실마리를 로트레크의 그림 배경으로 시작할까 합니다.

만국박람회가 개최되던 해(1889년)에 프렌치 캉캉이란 춤으로 문을 연 물랭 루즈. 지금까지도 이곳이 성업한다니 일종의 기업 신화를 이뤘다고 볼 수 있지요. 화재로 다 타버린 건물을 개축(1918년)해 인기 가수들의 뮤직홀로 탈바꿈해 황금기를 누리다 지금은 인기 연예인들의 쇼를 선보이는 '발 뒤 물랭루즈 Bal du Moulin Rouge'로 변신했다고 하니 정말 그 기세가 대단한 것 같습니다. 물론 낭만과 사랑이 넘치는 장소였던 이곳도 때로는 마약과 매춘 등 환락 산업의 상징이기도 했습니다.

물랭 루즈는 비슷한 시기에 등장한 영화라는 매체와 함께 귀족들의 전유물이었던 예술을 대중화하고 폭넓은 오락 문화를 창출했습니다. 여기서 잠깐 영화의 역사를 살펴보면 1895년 뤼미에르Lumier 형제가 시네마토그라프 Cinematographe를 개발해 파리에서 처음으로 이것을 상영합니다. 초기 영화는 '무성無聲'이었기 때문에 몸으로 보여주는 '쇼'가 중심이었습니다. 당연히 영화는 많은 서민들에게 캉캉춤과 같은 볼거리를 제공

앙리 브리스포가 고안한 첫 번째 영화 포스터

한 엔터테인먼트 산업의 초석으로 자리잡게 됩니다. 이후 녹음 기술의 발달과 더불어 영화, 연극, 뮤지컬 등은 새로운 대중 문화로 확고한 위치를 차지하지요.

대중 음악 역시 이때부터 활성화됩니다. 에디슨의 축음기 발명(1877)을 계기로 지금은 '팝 뮤직'으로 불리는 '포퓰러 뮤직popular music'이 대중에게 널리 보급되면서 상류

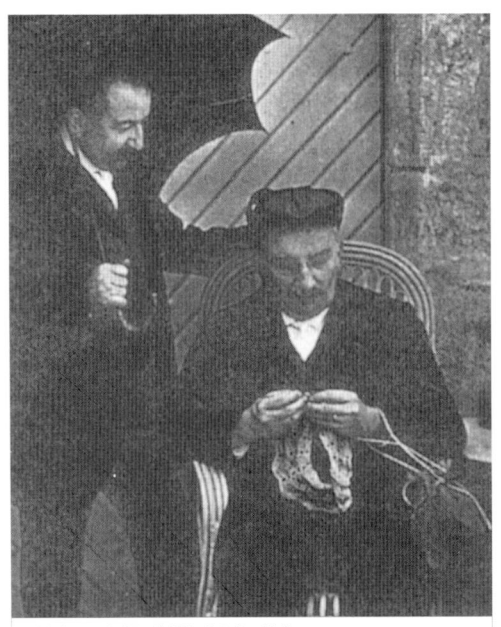

시네마토그라피를 개발한 뤼미에르 형제

층만 즐기던 예술 음악에 일대 변혁이 일어나지요. 일반 서민들이 쉽게 따라 부를 수 있는 대중 가요들이 레코딩되면서 음악의 세계도 파란이 찾아온 것이죠. 고전적인 예술성을 담은 곡보다 상업성이 강한 음악이 더 인기를 끌게 되고, 여기에 라디오와 TV(1931)까지 발명되면서 인기 스타라는 새로운 문화 아이콘이 등장합니다.

이렇게 보면 '붉은 풍차'는 파리에서 시작된 캉캉춤의 공연장이었을 뿐만 아니라, 이때부터 시작된 대중 문화의 새로운 흐름에 기여한 셈이지요.

이렇듯 상류층이 독점했던 예술 문화가 대중이 즐길 수 있는 엔터테인먼트 산업으로 변화되면서 경제적인 상황이 달라집니다. 새로운 소비 문화를 창출하는 서비스 산업이 등장한 것이지요. 서비스 산업은 제조업과 달리 사람이 직접

용역을 제공해 부가 가치를 창출하는 산업인데 음식점이나 유흥업소에서 그 유래를 찾을 수 있어요. 이런 까닭으로 지금도 '서비스' 하면 으레 유흥업소를 먼저 떠올리게 된 것이죠.

현대의 서비스 산업은 미디어의 발달과 더불어 엄청난 고부가 가치를 창출하며 선진국의 주요 산업으로 부상했고, 그 영역도 광범위해졌습니다. 금융, 통신 등 첨단 산업 분야는 물론 스포츠, 연예, 오락 등 대중 문화까지 섭렵하고 있으니까요. 선진국의 경우 산업 구조가 3차 산업 중심으로 변화하는 추세입니다.

특히 영화나 뮤지컬 등은 슈퍼스타를 탄생시키면서 제조업보다 훨씬 높은 부가가치를 창출하는 인기 분야로 급부상하고 있지요. 1997년에 개봉된 영화 〈타이타닉〉의 경우 전 세계적으로 2억 명 이상의 관객을 동원했고, 흥행 수입만도 18억 달러(약 1조 7,000억 원)를 기록해 그 같은 사례를 잘 보여주고 있습니다. 당시 18억 달러는 우리나라의 연간 200만 대 가량의 자동차 수출과 맞먹는 부가 가치를 지닌 금액이었으니까요.

이 같은 서비스 산업 발전에는 일등공신이 따로 있습니다. 바로 광고입니다. 광고의 가장 중요한 기능은 소비자에게 정보를 전달하는 것입니다. 물론 정보에 대한 정확성에 대해서는 논란거리가 되곤 합니다만 광고가 없다면 소비자는 필요한 재화나 용역에 대한 정보를 얻지 못해 적절한 시기에 구매를 놓치게 됩니다. 고스란히 그만큼의 손실은 소비자의 몫으로 돌아갑니다. 반대로 소비자가 과장광고에 현혹되어 자신이 원하는 양보다 더 구매했을 경우에도 손실이 발생합니다. 정확한 정보를 담은 광고가 적절하게 이루어진다면 소비자의 후생이 증대되고 기업의 수이도 증대되어 모두에게 도움이 됩니다.

광고는 또한 기업의 브랜드 이미지를 구축하는 데 크게 기여합니다. 물론 제품의 품질은 오랫동안 사용해봐야 정확하게 알 수 있습니다. 컴퓨터 소프트웨어를 제품 설명만으로 어떻게 알 수 있겠어요? 사용해봐야 그 품질을 제대로 알 수 있겠지요. 책, 음악, 영화의 경우도 마찬가지입니다. 그런 까닭에 이런 재화를 일컬어 경험재(experience goods)라 합니다. 반대로 재화의 특성만 알면 성능을 미리 짐작할 수 있는 것도 많지요. 586 컴퓨터, 자동차의 몇 cc 엔진, 아파트의 크기 등이 바로 그런 경우입니다. 이렇듯 정보만으로 쉽게 기본적인 성능을 파악할 수 있는 재화를 탐색재(search goods)라 합니다. 이런 재화의 경우는 광고를 통해 성능 정보만 제공된다면 소비자의 구매 결정에 영향을 줄 수 있지요. 이런 이유 때문에 기업은 광고를 통해 좋은 기업 이미지, 사회적으로 존경받는 기업 이미지를 지속적으로 홍보합니다. 긍정적인 특정 기업 이미지에 익숙해진 소비자는 거리낌 없이 그 기업 제품을 선택하게 되니까요. 물론 선택 이후에는 사용 경험을 통해 그 기업의 이미지를 실질적으로 확인하게 됩니다.

광고가 시장 경쟁에 미치는 영향 역시 중요합니다. 정보 전달 기능으로서 광고는 경쟁 촉진 효과가 있으니까요. 동네 슈퍼에서 상품을 구입하려고 해도 각 상점들의 전단 광고를 비교해보고 합리적으로 선택하지 않습니까. 통신사업자들도 광고를 통해 얼마나 치열하게 자사 제품을 홍보합니까.

그러나 한편으로 광고를 통해 기업이 브랜드 이미지를 구축하면 경쟁이 억제되는 결과를 가져오기도 합니다. 실제로 코카콜라의 브랜드 가치는 653억 달러에 달해 세계 최고의 가치를 누리고 있고, 우리나라의 삼성전자도 브랜드 가치가 169억 달러에 이른다고 합니다(《매일경제》 인용). 그러나 코카콜라는 자사의 브랜드 가치를 유지하기 위해 상상을 초월하는 광고비를 지출하지요. 이처럼 광고가 많은 시장에 진출하려면 기존 기업의 브랜드 이미지를 깨부수고 새롭게 진입

경험재에 속하는 책 | 자료 제공 : 시공사 자료실

해야 하는데 엄청난 광고비 지출을 할 수 없는 기업의 입장에서는 아예 엄두조차 낼 수 없는 일이죠. 이런 경우를 광고가 만든 진입 장벽이라 말합니다.

물론 광고만으로 명품이 만들어지는 것이 아닙니다. 로트레크의 포스터에서 보았듯이 계기도 중요하고, 제품 품질도 중요하고, 창의적인 기술과 마케팅 기법도 요구됩니다. 거기에 대중들의 마음을 사로잡는 요소가 있어야만 합니다. 스포츠의 명품으로 알려진 나이키 운동화도 농구 황제 마이클 조던을 활용하면서 널리 알려졌습니다. 1985년 조던의 이름을 딴 '에어조던 1'을 출시하면서 명품 가도를 질주했습니다.

'조던이 신으니까 나도 신는다. 조던을 신으면 나도 조던처럼 될 수 있다.'

당시 흑인들은 조던 신발을 신지 않으면 무시당한다고 생각했죠. 이렇게 해서 나이키 운동화가 등장하게 된 겁니다. 나이키는 그 후에도 조던과 함께 운명을 같이했고, 한때 미국에서는 나이키(조던)가 없는 청소년들은 친구들과 대화에 낄 수조차 없었답니다.

이렇듯 명품으로 자리잡으려면 나이키 운동화처럼 편승 효과를 누려야 하고, 특별하게 자기 제품을 차별화할 수 있는 노하우가 있어야만 합니다. 이를 위해 품질이나 서비스를 달리하거나, 특수 계층에게만 판매하는 전략을 선택하거나, 스타와 결합된 이미지를 만들기도 합니다. 또한 소비자의 속물 효과를 잘 활용해야 합니다. 그 제품을 구매해야만 품위 있는 소비자로서의 위상을 갖는다는 착각에 빠지도록 해야 하는 것이죠. 물랭 루즈의 경우도 마찬가지입니다. 그곳에 가지 못했다면 파리에 가보지 못한 것과 같다는 인식이 정착되었다면 속물 효과를 불러일으키는 데 성공한 셈이니까요. 따지고 보면 붉은 풍차는 포스터에 편승해 대중들의 속물 효과를 이끌어내어 흥행 가도를 달렸다고 볼 수 있겠어요.

최근 인터넷 매체가 발달하면서 광고와 정보의 중요성이 더욱 증대되고 있습니다. 덕분에 타이거 우즈나 브래드 피트 등과 같이 전 세계 수십억 명에게 같은 시간에 동일한 서비스를 제공하는 슈퍼스타도 등장하게 됐습니다. 뿐만 아니라 정보재라는 새로운 개념의 재화가 등장했습니다. 이는 전자 시그널인 비트의 흐름으로 부호를 붙일 수 있는, 디지털화가 가능한 모든 것을 의미합니다. 책과 그림은 기본이고, 움직이고 소리 나는 것이면 무엇이든 디지털화할 수 있습니다. 동영상, 음성, 활자를 포함하니 정보재의 영역에서 제외되는 것이 거의 없을 지경입니다. 고전부터 인터넷 소설, 실시간 거래되는 주식 정보부터 역사적 문헌에 이르기까지, 생각할 수 있는 모든 것이 정보재로 바뀌고 있습니다. 전통적인 서비스 산업이 또 한 번 인터넷 시대를 맞아 변신하고 있는 것이죠. 하지만 정보재는 일반재와 달리 생산비는 높은 반면 복제하기 쉬운 특징이 있습니다. 수억 원을 투입한 영화나 프로그램도 단 몇 원으로 복사해 전 세계에 공급할 수 있으니까요.

이제 광고는 소비 문화의 상징으로 자리잡았습니다. 또한 문화 상품이 시장에 등장하면서 소비 문화는 더욱 확산되고 있습니다. 그 이유는 정보재 대부분이 문화 상품에 속한데다가, 영화, 예술, 관광 등이 일회성 소비가 아닌 지속적 소비 특성을 갖추고 있기 때문이지요. 냉장고는 한두 대 사면 그만이지만, 영화나 관광은 한두 번으로 끝나지 않잖아요. 수요의 소득 탄력성이 큰 것 역시 소비 문화 확산에 일조를 했습니다. 소득이 올라갈수록 소비는 더 빠른 속도로 올라갑니다. 이 같은 특성 때문에 사람들은 경제가 발전하면 서비스에 더 많은 돈을 반복해서 사용하며 인생을 즐기게 됩니다. 경제가 발전할수록 제조업 중심의 2차 산업의 비중은 줄고, 서비스 산업의 역할이 증대되는 이유도 여기에서 찾을 수 있는 것이고요.

관장님, 지금껏 광고에 대한 다양한 지식을 두루 섭렵하셨습니다. 혹시 앞서 말씀드린 코카콜라처럼 브랜드 가치가 높은 상품을 그림으로 묘사한 작가가 있다면 소개해주세요.

네, 로트레크처럼 순수 예술을 대중적인 언어로 번역한 또 한 사람의 위대한 화가가 있습니다. 바로 팝아트의 제왕인 앤디 워홀이지요. 워홀은 세상에서 가장 유명한 현대 미술가입니다.

예술가이기보다 대중 스타에 비유될 만큼 인기가 높아요. 워홀이 팝아트의 제왕이 된 것은 전통적인 미술과 전혀 다른 신예술을 창조했기 때문입니다. 워홀은 순수 미술에서는 금기인 상업적인 테크닉을 버젓이 사용하고, 미술품을 상품처럼 대량 생산하는 등 미술계를 충격에 빠뜨리는 일들을 서슴없이 저질렀어요. 워홀이 1962년에 제작한 오른쪽 작품을 보세요.

이것을 과연 순수 미술로 볼 수 있을까요? 그냥 상품 광고잖아요. 워홀은 소비자들에게 브랜드 가치가 높은 상품인 코카콜라 이미지를 캔버스에 복제했어요. 그것도 210개나 말입니다. 물론 그는 그림을 제작하면서 색채를 약간 바꾸는 등의 작은 변화를 주었어요. 하지만 그렇다고 상품 광고가 순수 미술이 될 수 있을까요? 워홀은 미술에서 가장 신성하게 여기는 원본의 가치를 짓밟았어요. 독창

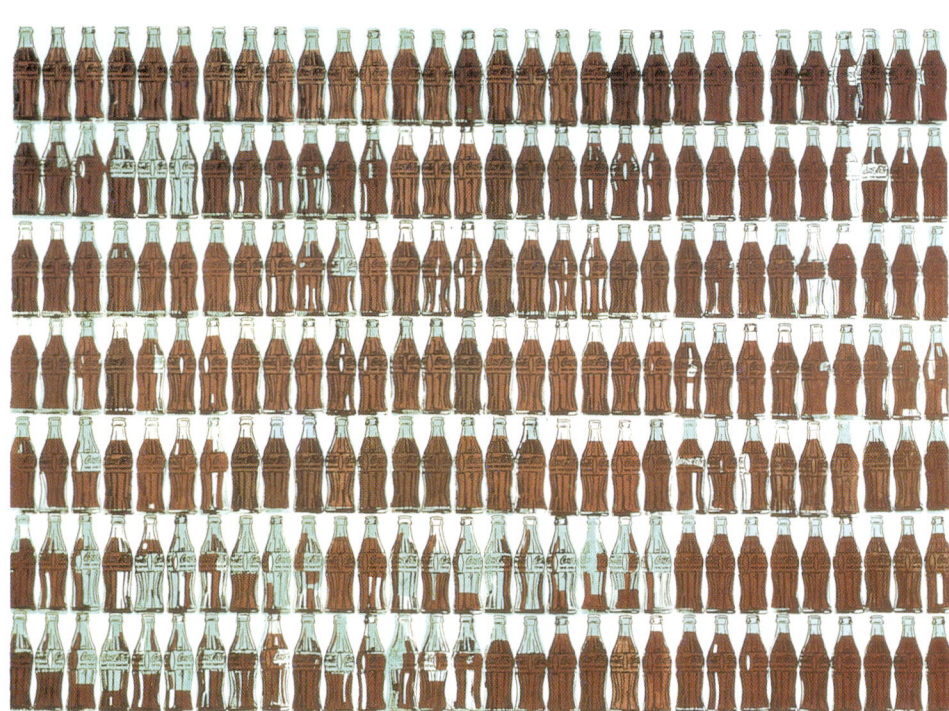

앤디 워홀 | 〈210개의 코크병〉

성, 유일성이 예술 작품의 필수 조건이라는 미술의 전통을 무참하게 깬 것이지요.

대체 워홀은 어떤 의도에서 순수 미술을 모독하는 일을 저지른 것일까요? 소비를 부추기는 상품들이 동시대의 정신을 담고 있다고 생각했기 때문입니다. 워홀이 살던 시절 미국인들은 전쟁 이전에는 꿈조차 꾸지 못한 물질적 풍요를 누립니다. 대다수의 미국인들은 대공황 시절에 겪었던 가난과 궁핍함을 까마득히 잊어요. 그만큼 경기가 좋았으니까요.

얼마나 경제적인 풍요를 누렸으면 1958년 경제학자인 존 케네스 갤브레이스가 '풍요한 사회'라는 용어를 사용했겠습니까. 미국인들은 소비를 자극하는 광고의 홍수 속에서 경제적인 성공이 인생의 행복이며, 소비가 미덕이라는 인식을 갖게 됩니다. 워홀은 풍요로운 신세계에서 소비 욕구를 충족시키면서 살아가는 현대인들을 주시하면서 예술도 소비를 부추기는 사회 현상을 반영해야 한다고 확신합니다.

워홀은 광고와 디자인 분야에서 일한 경력을 살려서 현대인들이 매일처럼 소비하는 상품을 순수 미술의 형식으로 우아하게 포장합니다. 예를 들면 워홀의 작품에 재현된 코카콜라는 슈퍼마켓에서 언제든지 살 수 있는 물질 문명의 아이콘이지요. 워홀은 소비자들에게 널리 알려진 친숙한 상품을 예술적인 가치가 느껴지도록 만들어요. 즉 브랜드 가치가 높은 코카콜라를 순수 미술의 영역에 끌어올려 신성하게 포장한 후 미술품으로 파는 기상천외한 전략을 구사합니다. 동물적인 사업 감각을 지닌 워홀은 전통적인 이젤 회화를 버리고 상업 예술가들이 사용하는 실크스크린 기법을 선택합니다. 실크스크린은 이미지를 대량으로 복사할 수 있기 때문에 많은 사람들에게 작품을 팔 수 있거든요. 워홀은 자신의 작품이 마치 상품처럼 소비되기를 진심으로 원했어요. 상업성을 추구하는 사람답게 워홀의 어록에는 상업주의에 대한 예찬이 가득해요.

"예술은 근본적으로 돈을 통해서 아름다움을 획득하는 것. 사업을 잘하는 것은 예술의 가장 매혹적인 측면이다……. 좋은 사업이 바로 최상의 예술이다……. 백화점은 일종의 박물관이다."

그는 이처럼 순수 미술을 숭배하는 열혈 신도들의 신경을 건드리는 말들을 서슴없이 내뱉었습니다.

그런데 놀라운 것은 워홀의 전략이 먹혀들어간 것입니다. 미술품 컬렉터들은 상업 광고와 전혀 분간할 수 없는 워홀의 그림에 열광해요. 난해한 미술 대신 성공과 풍요의 상징인 상품, 자신들의 눈에 익은 친근한 브랜드를 순수 미술품으로 포장한 신종 미술의 출현에 갈채를 보냅니다. 그러나 비평가들은 고귀한 예술을 타락시킨 워홀을 맹렬하게 비난해요. 상업성에 오염된 사이비 예술가로 인해 순수 미술과 상업 미술의 차이점이 없어졌거든요.

하지만 대세를 거스를 수는

앤디 워홀 | 〈브릴로, 델몬트, 하인즈 상자〉

없었던가, 소비 문화를 예술에 절묘하게 녹여낸 워홀의 팝아트는 상업적, 대중적으로 큰 성공을 거두어요. 뉴욕의 메이저 화랑들은 앞다투어 최신 미술 사조인 팝아트를 홍보하고 적극적인 마케팅을 벌입니다. 화상들의 공격적인 마케팅과 평론가들의 열띤 논쟁, 수집가들의 열광적인 수집욕은 워홀을 팝아트의 제왕으로 만들어요. 마침내 워홀은 불후의 명성을 자랑하는 슈퍼스타의 자리에 등극하게 됩니다.

워홀은 새로운 미술을 창조하기 위해 소비 문화인 상징인 광고에 눈을 돌렸어요. 즉 상업 미술인 광고가 순수 미술에 예술적 영감을 주었다는 얘기지요. 그런데 재미있는 현상은 현대 광고 디자이너들 역시 워홀의 팝아트 작품에서 영감을 얻은 광고들을 제작한다는 점입니다. 과연 예술도 인생처럼 돌고 도는 것일까요?

핵심 경제 용어

경험재와 탐색재: 경험재는 사용해봐야만 품질을 평가할 수 있는 재화로 음반, 영화, 음식, 게임, 책 등이 여기에 속한다. 이들은 모두 끝까지 경험하지 않고서는 그 품질을 정확하게 평가하기 어렵다. 대부분의 서비스 상품도 경험재에 해당된다. 반면, 탐색재는 소비자가 제품에 대한 정보만 가지고 사전적으로 재화의 성능을 평가할 수 있는 경우를 말한다. 컴퓨터는 CPU와 메모리 크기만 알아도 대략 그 성능을 짐작할 수 있으니 탐색재에 해당된다고 하겠다.

진입 장벽 (Entry barrier): 기업이 시장에 신규로 진입하는 것을 막는 여러 요소들을 말한다. 자본이 많이 투입되거나 첨단 기술을 필요로 하는 산업의 경우 신규 기업의 진입이 어려운데, 이런 진입의 조건을 진입 장벽이라고 한다. 진입 장벽은 공장 건설에 소요되는 자본, 필요한 기술, 인허가, 시장의 여건 등에 의해 결정된다.

편승 효과(Bandwagon effect): 유행에 따라 타인의 소비 패턴을 흉내내며 상품을 구입하는 소비 현상을 말한다. 특정 상품에 대한 어떤 사람의 수요가 다른 사람들의 수요에 의해 영향을 받는 현상으로, 밴드왜건bandwagon 효과라고도 한다. 곡예나 퍼레이드의 맨 앞에서 행렬을 선도하며 사람들의 이목을 집중시키는 악대차樂隊車의 효과에서 유래했다.

속물 효과(Snob effect): 다수의 소비자가 구매하는 제품을 꺼리고, 명품과 같이 남들이 구입하기 어려운 값비싼 상품을 선호하는 소비 행태로 속물근성에 비롯되었다고 하여 붙여진 용어다. 소비자가 제품을 구매할 때 자신은 남과 다르다는 생각을 갖는 것이 마치 백로 같다 하여 '백로 효과'라고도 한다.

정보재(Information goods): 전자 시그널인 비트의 흐름으로 부호를 붙일 수 있는 디지털화가 가능한 재화와 서비스를 말한다. 고전부터 포르노, 실시간 주식 정보에서 역사적 문헌에 이르기까지 생각할 수 있는 모든 것이 정보재로 바뀌고 있다. 정보재는 일반재와 달리 생산비는 높은데 복제하기는 쉬운 특징이 있어 한계 비용이 매우 낮다.

13
미술 교역의 산물, 고흐의 초상화

1887 빈센트 반 고흐 | 〈탕기 영감〉

정갑영 교수님, 이번에는 '미술과 교역'이라는 색다른 주제를 준비했습니다. 세계 각국이 무역을 통해 문물을 거래하는 것처럼 미술도 교역을 합니다. 물론 물질이 아닌 예술적 재능이나 예술성, 조형 기법을 말하는 것이지만요.

예를 들면 르네상스 시절 이탈리아 군주들은 기량이 뛰어난 화가들을 다른 나라 군주에게 보내 외교적 실익을 챙겼습니다.

또 19세기 후반에는 유럽과 미국에 일본 미술이 수입되면서 서구 미술계에 큰 변화가 일어났습니다. 일본 미술에 매혹된 서구 미술가들이 늘어나면서 '자포니즘'이라는 미술 전문 용어까지 생겨났거든요. 자포니즘이란 유럽과 미국 미술계에 끼친 일본 미술의 영향을 뜻해요.

1860~1920년에 걸쳐 자포니즘의 유행으로 일본 미술의 주제와 테크닉을 모방하고 응용한 미술품들이 숱하게 제작되었습니다. 그럼 고흐의 걸작을 감상하면서 자포니즘이란 대체 무엇이며 어떤 경로를 거쳐서 서양에 수입되었는지 확인하겠습니다.

이 초상화는 고흐가 몽마르트르 클로젤 가에서 미술 재료를 팔던 화방 주인 탕기 영감을 그린 것입니다. 탕기 영감의 원래 이름은 줄리앙 프랑수아 탕기인데 영감이라는 별명이 생긴 것은 그가 시골 출신인데다가 워낙 인정이 많았기 때문입니다. 탕기 영감은 가난한 화가들에게 그림값을 선불해주고, 외상을 주고, 돈 대신 그림을 받고 화구를 팔았어요. 즉 궁핍한 예술가들을 진심으로 이해하고 아끼는 따뜻한 마음의 소유자였지요. 탕기 영감이 무명 화가들의 맏형 노릇을 자처하면서 그의 작은 가게에는 화가들의 발길이 끊이지 않습니다. 탕기 영감에게 의지한 화가들은 그에게 그림을 팔아달라고 맡기기까지 합니다. 평론가 옥타브 미르보에 따르면 탕기 영감의 화방 진열장에는 모네, 피사로, 르누아르, 세잔, 고흐, 고갱, 베르나르의 그림이 고객을 찾기 위해서 걸려 있었어요. 인상주의 화상으로 유명한 볼라르도 탕기 영감의 화방에서 세잔의 그림을 샀어요. 한편 새내기 화가들은 새로운 화풍을 창안한 인상주의 화가들의 그림을 보기 위해 탕기 영감의 가게를 즐겨 찾곤 했습니다. 탕기 영감의 작은 가게는 애호가들에게 인상주의와 후기 인상주의 그림을 알리는 이정표 역할을 했습니다.

고흐는 화상인 동생 테오의 소개로 탕기 영감을 알게 되었어요. 탕기는 가난하고 그림도 전혀 팔리지 않는 고흐를 식사에 초대하는 등 따뜻하게 감싸주었어요. 무명 화가인 자신에게 호의를 베푸는 탕기 영감에게 고마움을 느꼈던 고흐는 그의 초상화를 3점이나 그렸어요. 이 초상화(P.201)에도 탕기 영감의 선량하고 소박한 성품이 잘 드러나 있습니다. 그런데 초상화에서 유독 눈길을 끄는 부분이 있어요. 초상화의 배경이 온통 일본 그림이거든요. 배경뿐 아니라 인물을 묘사한 방식도 일본 미술의 특징을 선명하게 보여주고 있어요. 고흐는 강렬한 원색을 사용하면서 입체적인 효과는 최소화했어요. 그림의 주제인 탕기 영감과 배경 사이에 공간감이 느껴지지 않습니다. 원근감을 무시한 평면성, 밝고 선명한 색채는 바로 일본 미술의 가장 두드러진 특징이지요.

고흐는 왜 초상화의 배경을 일본 그림으로 도배했으며, 또 일본 화풍을 모방한 것일까요? 바로 고흐가 일본 판화인 우키요에의 열렬한 팬이었기 때문입니다. 고흐는 일본 판화에 매료된 나머지 수집가로 나서기도 했어요. 1885년 12월, 고흐가 파리에서 본격적인 화가 수업을 받기 이전 네덜란드 시절, 테오에게 보낸 편지에는 그가 우키요에의 팬임을 증명하는 글이 적혀 있어요.

빈센트 반 고흐 | 〈빗속의 다리〉 (1887)

"내 작업실은 꽤 볼만해졌단다. 내가 가장 좋아하는 일본 판화들을 수집해서 벽에 핀으로 꽂아두었거든."

　자, 그렇다면 고흐가 일본 미술에 푹 빠진 배경을 살펴볼까요? 고흐의 조국 네덜란드는 근대 일본이 서양과의 교역 과정에서 매우 중요한 위치를 차지한 나라입니다. 왜냐하면 네덜란드는 일본이 쇄국 정책을 펼치던 1639년부터 문호를 개방한 1858년까지 서양 국가 중에서 일본과 교역한 유일한 나라였거든요. 당연히 네덜란드에는 일본 문물과 일본에 관한 정보와 문헌이 풍부했어요. 예를 들면 레이덴의 민속박물관에는 우키요에를 비롯한 방대한 민속 자료가 전시되었고, 헤이그 시 왕실보물관에는 일본 민속 컬렉션이 진열되었어요. 또 암스테르담이나 로테르담 같은 항구 도시에서는 일본에서 직수입한 도자기와 공예품, 의상, 우키요에를 쉽게 접할 수 있었습니다.

　이처럼 일본풍에 친숙한 환경에서 자란 고흐는 자연스럽게 일본 미술에 빠져들었어요. 일본 그림을 무척이나 좋아했던 고흐는 1886년 3월 파리에 정착한 이후에는 일본 미술 애호가 수준을 훌쩍 뛰어넘어요. 그는 우키요에를 조형 실험의 모범으로 삼습니다. 고흐의 예술에 강한 영향을 끼친 인상주의 미술가들도 일본 화풍을 모방하고 차용한 그림들을 경쟁적으로 선보이고 있었거든요.

　일본 미술에 열광적으로 빠져든 고흐는 심지어 남프랑스에 위치한 아름다운 고장 아를이 일본과 같은 곳이라는 환상을 품고 그곳으로 떠납니다. 1888년 고흐가 동생 테오에게 보낸 편지에 그가 아를을 일본으로 여긴다는 사실이 잘 드러나 있어요.

"아를은 해맑은 공기와 밝은 색채로 인해 일본처럼 아름다워 보이는구나. 마치 우키요에를 감상하는 것 같다……. 테오야, 내가 아를에 정착하고 싶은 것은 일본 그림을 무척 사랑하기 때문이란다."

고흐는 테오에게 보낸 또 다른 편지에서 인상주의 미술가들이 일본 미술에 영향을 받은 사실을 털어놓습니다.

"인상주의 화가들은 모두 일본 미술의 영향을 받았단다……. 나는 일본 화가들의 데생 솜씨에 탄복한다. 그들은 숨쉬는 것처럼 그림을 쉽게 그리면서도 정확하게 묘사하는 재주를 지녔다. 불과 2~3개의 선만으로도 인물을 탁월하게 표현한다. 마치 조끼의 버튼을 채우듯 그렇게 간단히 말이다."

교수님, 이제 일본 미술이 고흐의 초상화에 등장한 시대적 배경을 알게 되셨는데요, 경제학적 관점에서 교역에 대한 설명을 부탁드립니다.

관장님 설명을 통해 고흐가 일본에 매혹당했다는 사실을 알게 되어 매우 놀랐습니다. 인상주의 화가들이 일본에 흠뻑 빠졌다는 사실도 흥미롭고요.

하지만 제 눈길을 더욱 사로잡는 것은 미술과 교역에 숨겨진 경제 원리, 즉 '국제 간 교역은 서로에게 도움이 된다'는 사실을 다시 한 번 확인할 수 있었다는 점에 있습니다. 모름지기 일본도 네덜란드와의 교역을 통해 상당한 도움을 받았을 것입니다. 나가사키에 가보면 여기저기에 네덜란드풍 건축물과 흔적들이 그대로 남아 있어 상당히 이국적인 풍경을 자아내는데요, 아마 네덜란드가 일본에 긍정적인 영향을 주었기 때문일 것입니다.

탕기 영감이 돈 대신 그림을 받고 화구를 조달한 것도 국제 교역을 통한 이익으로 설명할 수 있습니다. 물론 이런 행위가 화가들을 아끼는 애정에서 출발한 것이긴 했지만 그 거래를 통해 화가들은 그림을 그릴 수 있었고, 탕기 영감은 많은 인상주의 그림을 확보할 수 있었으니까요. 국제 간의 교역 역시 서로에게 경제적 도움을 줍니다.

국제 교역을 통한 이익을 설명할 때마다 생각나는 시가 있습니다.

내 가난함으로
세상의 어딘가에서
누군가가 배부릅니다.

내 야윔으로
세상의 어딘가에서
누군가가 살이 찝니다.

내 서러운 눈물로
적시는 세상의 어느 길가에서
새벽밥같이 하얀
풀꽃들이 피어납니다.

김용택의 〈세상의 길가〉

국가 간 교역이 국가의 기원임을 주장한 플라톤

시인이 묘사한 것처럼 풍요로움이 누군가의 숨은 희생 위에 피어나는 것이라면 세상은 득과 실에 있어 그 합이 영零이 되는 제로 섬zero-sum 게임일 것입니다. 세상에서 얻을 수 있는 것은 한정되어 있는데, 그것을 더 갖겠다고 다투는 꼴이니 당연히 서러운 눈물이 흐를 수밖에요. 하지만 세상에는 서로가 서로에게 도움을 주면서도, 더 많은 이익을 창출할 수 있는 포지티브 섬positive sum 게임도 많습니다. 그 대표적인 것이 국가 간 교역입니다.

플라톤은 이미 기원전 400여 년경에 '국가(Politeia)' 간 교역이 국가의 기원이라고 설파했지요. '각자가 자기 혼자만으로는 자급자족하기 어렵고, 많은 것을 필요로 하기 때문에' '서로 다른 사람을 불러 필요한 여러 일들을 하는' 것이고, 나아가 '많은 사람들이 협동자요, 원조자이면서 같이 모여사는 나라를 만들게' 된다는 것입니다. 그래서 최소한 '농부 한 사람, 건축공 한 사람, 옷을 짜는 직조공 한 사람 등이 반드시 있어야만 의식주를 해결하며 나라가 성립될 수 있다'고 했지요.

나라 안에서 일어나는 거래가 왜 도움이 되는가는 자명합니다. 세상에 혼자만 산다면 아무리 돈이 많다 한들 어디에 쓰겠습니까? 집은 말할 것도 없고 옷

한벌 제대로 구하기도 힘들 테니 말입니다. 많은 사람이 각자의 능력에 따라 상품과 서비스를 생산하고 서로 교환해야만 자신도 행복하고 타인의 즐거움도 커지게 됩니다.

물론 국가 간의 교역은 복잡하게 얽혀 있지만, 경제학의 원리로 보면 무역은 모든 당사국의 후생을 증대시킵니다. 모든 나라가 거래 상대국보다 경쟁력이 높은 비교 우위에 있는 품목을 가지기 때문입니다. 한국은 자동차를 더 저렴하게 만들 수 있고, 중국은 옷을 더 경쟁력 있게 만들 수 있다면 한국은 비교 우위가 있는 자동차를 생산해 중국에 수출하고, 옷은 수입하는 것이 서로에게 이익이 되겠지요. 이 원리는 일상에도 그대로 적용됩니다. 원고 작성과 자료 입력, 프로그래밍을 모두 한 사람이 담당하는 것보다는 능력에 따라 분업을 하고, 그 결과를 교환하는 것이 더 이익이 됩니다. 따지고 보면 관장님과 제가 전공에 따라 이야기를 주거니 받거니 하는 것도 서로 비교 우위가 있는 부분이 다르기 때문이지요.

그런데 한 나라가 갖고 있는 비교 우위는 영원하지 않고 유행가 가사처럼 빠르게 변화하지요. 우리나라의 경우 이미자 시절에는 노동력을 많이 필요로 하는 섬유, 가발, 전자 부품 등에 비교 우위가 있었지만, 조용필, 김건모 세대에 와서는 경제 발전 덕에 자본은 풍부하고 오히려 노동력이 부족한 상황으로 바뀌었지요. 김건모 세대들은 궂은일은 피하려 했고, 일할 때 이것저것 따지는 게 많아졌습니다. 그러다 보니 임금이 크게 상승해 노동이 많이 투입되는 산업들이 비교 우위를 잃게 되었습니다. 대신 자본이 많이 투입되는 전자, 자동차, 조선, 철강 등 중화학 공업이 비교 우위를 갖게 되었지요. 이때 비교 우위의 변화에도 불구하고 옛 산업을 고집한다면 어떻게 될까요? 맞습니다, 경쟁력을 상실하게 됩니다. 노동집약적 산업은 다른 나라에서 얼마든지 더 싼 가격에 생산할 수 있기 때문이지요.

비교 우위를 변화시키는 가장 중요한 요인은 자원과 기술입니다. 경제가 발전할수록 임금은 상대적으로 오르고 자본은 풍부해지게 마련입니다. 기술이 발전할수록 인력보다는 신기술에 의존하는 산업이 더 많아집니다. 노동력보다는 자본이, 자본보다는 기술이 더 많은 부가 가치를 창출하기 때문에 비교 우위는 동태적으로 변화하는 것이지요. 우리 경제 역시 자본 중심에서 기술과 지식 집약적 산업으로 변화를 시도하고 있습니다. 이런 동태적 변화를 적극적으로 수용할 수 있어야만 경제의 선진화가 가능한 것이죠.

일부에서는 국가 간 교역이 부익부 빈익빈을 확대시킨다는 시각도 있습니다. 예를 들어 농산물 시장을 개방하면 생산비가 높아 경쟁력이 없는 농업은 모두 포기할 수밖에 없게 된다는 것이지요. 비교 우위로 따지면 제조업과 농업이 모두 절대 생산비가 높은 경우라도, 상대적으로 저렴한 산업을 국내에서 특화하고, 다른 산업은 외국에 의존하는 것이 효율적이니까요. 따라서 개방을 통한 교역 이후 생산비가 높아 경쟁력이 취약한 열위劣位 산업은 어떻게 할지가 문제 됩니다. 중국산 마늘을 수입하지 않고 국내에서 생산한다면, 누군가는 그 비용을 대신 지불해야 합니다. 경제에는 공짜가 없어요. 소비자가 더 비싸게 사거나, 정부가 세금으로 보조해야만 합니다. 이 때문에 경쟁력 있는 휴대폰 수출길이 막힌다면 국가경제적 관점에서도 큰 손해가 되겠지요.

그럼 마늘은 어떻게 해야 할까요? 결론은 둘 중 하나죠. 생산비를 낮추어 비교 우위를 갖게 하거나, 다른 작물로 바꿔야 합니다. 물론 그 기간 동안 발생하는 피해는 누군가가 보상해야만 합니다. 그러나 마늘 수입 대가보다는 휴대폰 수출 이익이 크기 때문에 보조금의 당위성은 충분히 성립합니다. 식량 안보 같은 특정 목적 때문에 국내 생산이 꼭 필요한 경우도 마찬가지입니다. 그러나 장기적으로는 생산비를 낮추려는 노력을 반드시 병행해야 합니다. 대량 생산이나 신농법, 신품종 개발, 조세 혜택 등의 대책이 여기에 포함되겠지요. 이런 대책에도 불구하고 희망이 없다면, 품목을 바꾸는 생산 구조의 조정을 서둘러야 합니다. 이런 현상은 농업뿐만 아니라 모든 산업에 공통적으로 나타납니다.

역사적으로 개방하지 않고 지속적으로 성장한 나라는 없습니다. 자립 갱생과 주체를 외치던 북한마저도 그렇게 되지 않았습니까. 물론 개방을 통해 부문에 따라 일시적 불균형이나 피해가 나타나기도 합니다만 국가 전체적인 차원에서 이익을 극대화하려면 개방은 반드시 필수적인 것입니다.

관장님, 앞서 인상주의 미술가들이 일본 미술에 영향을 받았다고 이야기해주셨는데, 유럽이나 미국에 일본 미술이 유입된 데는 좀더 구체적인 계기가 있을 것 같습니다. 이와 관련해 자세한 설명을 해주시겠어요?

네, 인상주의 화가들이 일본 미술의 아름다움에 눈을 뜨게 된 결정적인 계기는 1867년 파리에서 열린 세계만국박람회 덕분이지요. 파리는 1855년 이후 두 번째로 세계 각국의 상품과 문물, 기술적 성과물들을 전시하는 세계만국박람회를 개최합니다.

제2회 파리 만국박람회에 일본이 참가하면서 일본 미술품인 우키요에가 본격적으로 프랑스에 소개됐어요. 당시 주최측인 프랑스 정부는 흥행성을 겨냥해 참가국들에게 본 전시장 이외 개별 전시관을 건설할 것을 적극 권유합니다. 만국박람회를 성공적으로 치르려면 파리 시민뿐 아니라 지방민, 외국 관광객들까지 모두 박람회장으로 끌어들여서 소비 심리를 자극해야 하니까요. 그 결과 타원형의 본 전시관 주변에 이국적인 정취가 물씬 풍기는 전원풍의 개별 전시관이 100개나 생겼어요. 오스트리아 마을, 러시아 통나무집, 네덜란드 농가, 잉글랜드 시

가쓰시카 호쿠사이 | 〈사원의 발코니에서〉(후지산 36경 중)

골집, 이슬람 사원, 튀니지 궁전, 이집트 신전, 중국식 매점, 일본풍 찻집 등 개별 전시관은 볼거리에 굶주린 관중들의 눈길을 단숨에 사로잡았습니다.

그중 일본 풍물과 공예품, 의상, 미술품들은 대중뿐 아니라 예술가들에게도 큰 인기를 누렸어요. 기모노를 입고 부채를 부치면서 차를 마시는 모임까지 생겨날 정도였으니까요. 자포니즘을 표방하는 일본 미술 애호가 그룹도 결성되지요.

일본에 대한 막연한 동경과 이국 취향이 겹치면서 서구 미술계에 자포니즘이 맹위를 떨칩니다. 19세기 말 유럽 건축과 인테리어 분야에도 자포니즘은 막대한 영향을 끼쳐요. 하지만 자포니즘의 세례를 가장 강하게 받은 예술가는 인상주의 화가들입니다. 그들은 밝고 선명한 색채, 기하학적 대칭과 비대칭의 대담한 구

클라우드 모네 | 〈일본 전통 의상을 입은 카미유〉

클라우드 모네 | 〈수련의 연못〉(1899)

도, 명암을 제거한 평면성이 돋보이는 일본 판화에서 새로운 조형 형식을 실험하는 실마리를 발견하거든요. 일본 미술에 매료된 대표적인 인상주의 화가들을 손꼽는다면 마네, 모네, 르누아르, 드가, 피사로, 고갱, 고흐 등이 되겠어요. 그중 모네는 고흐를 능가할 만큼 열렬한 우키요에의 팬이 됩니다.

모네는 말년에 정착한 지베르니에도 일본풍 정원과 다리를 만들 정도로 일본 미술에 강한 애정을 가졌어요. 일본인들이 서구 미술 사조 중 유독 인상주의 미술에 큰 관심을 보이고, 자부심을 갖는 것도 일본 미술이 인상주의에 끼친 영향을 잘 알고 있기 때문이지요.

교수님, 세계만국박람회는 세계 각국이 자국의 주체성을 알리면서 다른 나라에는 어떤 문화와 기술력, 상품, 자본이 있는지 알고 싶은 의도에서 개최한 행사입니다. 이런 대형 행사가 과연 경제에는 어떤 영향을 미칠까요?

세계만국박람회는 각국의 새로운 상품과 기술을 전시하는 거대한 시장으로 활용되었고, 무역 거래를 활성화시키는 촉매가 되었겠지요. 전통적인 문화 상품이 거래되는 경우도 많았겠지만, 최신 기술의 신제품을 전시해 거래의 활성화를 유발했을 거고요.

국가 간 인적 교류가 적었던 당시에는 이런 행사를 통해 세계 각국의 기술 변화 추세를 파악하고 교역을 확대하는 계기를 마련했던 것이지요.

우리나라 역시 국제적인 행사를 유치하기 위해 많은 노력을 하고 있지요. 특히 올림픽과 월드컵, 아시안 게임 등 체육 행사를 많이 유치했고, 엑스포 같은 국

국제 행사였던 2002년 한일 월드컵

미술 교역의 산물, 고흐의 **초상화**

제적 박람회도 여러 차례 개최했습니다. 이런 국제 행사를 유치하면 대체로 도로, 항만, 공항 등 사회간접자본을 많이 건설하게 되어 경제적 파급 효과가 커집니다. 또한 관광객을 유치하고, 광고와 국제적인 방송권 등을 매각해 개최 비용보다 더 많은 수익을 올리기도 하지요.

이제 우리는 지구촌 시대에 살고 있습니다. 교역과 개방을 통해 상품은 물론 문화와 지식까지 자유롭게 오고가는 세상이 펼쳐진 것이지요. 교역을 통해 이익을 극대화할 수도 있지만 국가 간의 상호 의존성이 높아지고, 해외에서 발생하는 작은 사건이 우리 경제에 큰 영향을 주는 나비 효과도 등장하지요. 그러나 국가 간 교역에도 인류 전체의 행복이라는 더 높은 가치를 추구하는 철학이 살아 있다면 얼마나 좋겠어요. 탕기 영감이 궁핍한 예술가들을 진심으로 이해하고 아꼈던 것처럼 아름다운 교역의 시작은 힘의 논리가 지배하는 강요가 아닌 서로를 배려하는 따스한 마음가짐이 아닐까요?

핵심 경제 용어

제로섬 게임(Zero-sum game): 승자의 득점과 패자의 실점의 합계가 영이 되는 게임을 말한다. 이 게임에서는 승자의 득점은 항상 패자의 실점에서 비롯되므로 치열한 경쟁을 유발하는 경향이 있다. 1971년 서로Thurow의 『제로섬 사회』가 발간되면서 유명해진 용어다.

포지티브섬 게임(Positive-sum game): 게임 참가자들이 모두 이득을 볼 수 있는 게임을 말한다. 서로 다른 재화에 비교 우위를 가진 두 국가가 무역을 하면 서로 이득을 볼 수 있는데 이 경우 역시 포지티브섬 게임이라 할 수 있다.

비교 우위(Comparative advantage)와 비교 열위: 자동차를 생산할 때 한국은 노동력과 자본을 합해 총 100단위가 투입되는 반면 같은 규모의 직물을 생산하려면 150단위가 들어간다고 가정하자. 반대로 중국은 자동차와 직물을 생산하려면 각각 150단위와 100단위가 필요하다고 생각하자. 만약 우리가 자동차와 직물 모두를 생산한다면 250단위의 자원을 투입해야 한다. 그러나 자동차 두 단위를 생산해 하나는 사용하고, 다른 하나는 중국의 직물과 교환한다면 어떻게 될까? 200단위만 투입하면 이 모든 것이 해결된다. 50단위의 생산 요소를 절약할 수 있는 것이다. 즉 한국은 자동차에 비교 우위가 있고 직물에는 비교 열위가 있으므로 자동차를 생산하고 직물은 생산하지 않는다. 결국 각자 값싸게 만들 수 있는 것을 생산해 서로 교환하면 모두 이익을 보는 것이다.

나비 효과(Butterfly effect): 현재의 아주 작은 기상 변화가 얼마 후 엄청난 태풍을 몰고 올 수 있다는 기상학자의 이론에서 유래한 말이다. 북경에서 날아오르는 나비 한 마리의 날갯짓에 공기가 살랑거리고, 그 파장이 한 달 후에는 뉴욕에 폭풍을 몰고 올 수도 있다는 데서 유래한 용어로 지구촌 구석에서 일어난 작은 사건이 전 세계에 엄청난 파급 효과를 불러올 수 있음을 의미한다.

14
돈과 행복의 이중주

1950년대 후반 | 박수근 | 〈빨래터〉

정갑영 교수님, 요즘 미술품 투자가 사람들의 관심을 끌면서 예술과 돈은 별개라는 생각이 점차 사라지고 있어요. 과거에는 예술가가 돈을 밝히면 속물이라고 흉을 보았어요. 그러나 지금은 돈을 많이 버는 예술가를 스타 예술가라면서 오히려 부러워합니다.

사실 예술가에게 돈은 무척 중요합니다. 돈이 있으면 작품 판매에 신경쓰지 않고 소신껏 작업에 몰두할 수 있지만 돈이 없으면 예술가가 되기란 현실적으로 불가능하기 때문이지요.

예를 들면 고흐는 극심한 경제적 고통에 시달리면서도 불굴의 의지로 예술혼을 불사른 전설적인 화가로 알려져 있어요. 실제로 그는 생전에 단 한 점의 그림밖에 팔지 못한 무능한 화가였어요. 하지만 고흐는 돈벌이를 전혀 하지 못했는데도 죽음을 앞둔 순간까지 붓을 놓지 않았습니다. 동생 테오가 경제 능력이 없는 형을 헌신적으로 뒷바라지해준 덕분이지요. 재테크맹인 예술가 하면 현대 미술의 아버지인 세잔을 빼놓을 수 없어요. 세잔 역시 그림을 거의 팔지 못했지만 평생 예술에 대한 집념을 불태울 수 있었습니다. 물론 그의 강인한 의지력이 한 우물을 팔 수 있는 용기와 힘을 주었어요. 하지만 재력가인 그의 아버지가 막대한 유산을 물려주지 않았다면 "예술가의 목표란 대중을 염두에 두지 않고 작업에 임하는 굳센 정신력을 갖는 것이다. 그 나머지는 전혀 중요하지 않다"고 큰소리 칠 수 있었을까요?

돈벌이에 무능한 미술가 하면 빼놓을 수 없는 또 한 사람의 화가가 있어요. 바로 한국의 국민화가로 불리는 박수근입니다. 박수근 역시 예술성은 탁월하지만 경제력은 전혀 내세울 것이 없어요. 그는 가난한 전업 작가였거든요. 전업 작가란 오직 미술품을 팔아서 생계를 꾸려가는 미술가들을 말해요. 미술 시장이 호황인 요즘에도 대부분의 전업 작가들은 돈 때문에 큰 고통을 받아요. 하물며 박수근이 화가로 활동하던 시절에는 더 말할 필요가 없겠지요. 당시에는 미술품을 거래하는 화랑이라고는 1956년에 문을 연 반도화랑밖에 없었거든요. 그림을 팔 수 없는 불운한 시절의 화가였기에 생활비를 버는 것은 몽땅 부인의 몫이었어요. 그러나 50년의 세월이 흐르면서 가난한 화가의 대명사인 그의 이름은 돈 그 자체로 바뀌어요. 그 사이 박수근의 그림은 황금알을 낳는 거위가 되었거든요. 현재 그의 그림은 미술품 투자 대상 1순위입니다.

자, 이 작품(P.219)이 바로 2007년 5월, 서울 옥션 경매에서 경매 최고가인 45억 2,000만 원에 거래되어 큰 화제가 되었던 그림입니다. 미술 학교를 다닐 돈이 없어 독학으로 실력을 연마한 화가, 생전에 개인전이라고는 열어본 적이 없는 화가, 그림이 거의 팔리지 않아 가족의 생계를 아내에게 떠넘긴 화가, 더구나 평범한 서민들을 묘사한 그의 그림이 왜 그토록 비싼 값에 거래되는 것일까요? 해답은 간단해요. 박수근의 그림에는 한국인의 고유한 정서와 감정이 농축되어 있기 때문입니다. 다시 말해 한국인에게 그의 그림은 영원한 고향 같다는 뜻이지요. 마을 여인들이 강가에서 빨래하는 모습을 묘사한 이 그림도 지극히 한국적인 정경을 담고 있습니다. 그림을 자세히 살피면 한국인의 정서와 감정이 어떤 것인지 이해할 수 있어요.

먼저 주제를 살펴볼까요? 박수근은 1950년대 한국인들의 궁핍한 삶을 거울처럼 반영한 주제를 선택했어요. 그림의 주인공들은 가난하지만 삶에 대한 희망을 잃지 않은 민초들입니다. 박수근이 서민들에게 따뜻한 눈길을 보낸 것은 그 자신도 시골 태생이기 때문입니다. 박수근은 강원도 양구에서 태어났고 가난한 농가에서 자랐어요. 그런 그에게 사계절이 또렷한 한국의 자연과 부지런히 일하는 촌부들의 모습은 가장 친근한 풍경이었습니다.

지금은 사라진 정겨운 모습이지만 당시에는 여인들이 빨래터에 모여서 빨래하는 모습을 흔히 볼 수 있었어요. 그 시절, 빨래터는 여성들의 해방구였어요. 힘든 가사일에 지친 여인들이 가슴에 묻어둔 애기보따리를 풀어놓을 수 있는 유일한 장소였거든요. 그림 속 여인들도 빨랫감을 강물에 헹구고, 방망이로 빨래를 탕탕 두들기고, 동네 여인들과 수다를 떨면서 일상의 스트레스를 풀고 있습니다.

다음은 색채입니다. 박수근은 한국의 자연을 쏙 빼닮은 색채를 사용했어요. 이 그림의 주조색도 한국의 땅을 연상시키는 황갈색과 황백색입니다. 그가 화려한 색채 대신 중간색을 쓴 것은 당시 한국인들의 곤궁한 삶과도 연관이 있어요. 그 시절은 정치적인 격동기이면서 경제적으로는 무척 힘든 상황이었거든요. 오죽하면 보릿고개라는 말까지 나왔겠어요. 이처럼 암울한 시대를 살았던 여인들의 고생이란 더는 말할 필요가 없겠지요. 만일 화가가 가난에 찌든 여인들을 묘사하면서 밝고 화사한 색채를 썼다면 그것이 더 이상한 일이었겠지요.

끝으로 기법을 살펴볼까요? 그림은 박수근표 기법의 특징을 선명하게 보여주고 있어요. 박수근표 기법이란 물감을 여러 겹 바르는 것입니다. 미술평론가 오광수는 두꺼운 물감층으로 이루어진 박수근의 그림을 벽돌장을 쌓아올린 것에 비유합니다. 실제로 그의 그림은 물감을 두텁게 바른데다 기름기마저 적어 건조한 느낌이 들어요. 표면의 질감은 마치 화강석을 연상시킵니다. 박수근도 그런 점을 인정했어요. "나는 우리나라의 옛 석물, 석탑, 석불 같은 데서 말할 수 없는 아름다움의 원천을 느끼며 조형화에 도입코자 애쓰고 있습니다"고 말했으니까요.

하지만 박수근표 그림의 가장 두드러진 특징은 일터의 여인들을 묘사한 것입니다. 그는 가난한 여인들이 힘들게 일하는 모습을 그림에 담았어요. 일하는 여인상은 당시 시대상을 반영합니다. 가난에 시달린 대다수의 여성들은 가사일을 하면서도 가족의 생계를 책임지는 이중고를 겪었거든요. 박수근이 가장의 역할을 대신한 여성들을 그림에 표현한 것에는 그의 개인사도 작용합니다. 앞서 언급했듯 박수근은 돈을 벌지 못한 허울뿐인 가장이었어요. 그는 가족의 생계를 떠맡은 아내에게 대견함과 미안함, 감사의 마음을 가졌어요. 그런 애틋한 마음이 그림에 저절로 우러나온 것입니다. 그런데 흥미로운 것은 시골 소년 박수근이 화가를 꿈꾸게 된 동기입니다. 그는 농민화가로 불리는 밀레의 〈만종〉 복사본을 보고 감동을 받은 나머지 화가가 될 것을 결심했거든요.

박수근이 밀레를 흠모한 것은 대지에 대한 농민들의 애착, 끈끈한 가족애, 일의 숭고함을 그림에 감동적으로 표현했기 때문입니다. 그래서일까요? 두 화가에게는 놀라울 정도로 공통점이 많아요. 둘 다 농촌 출신이며, 서민들을 안쓰럽게 여겼고, 국민화가로 추앙받습니다. 또 세상을 떠난 후 작품값이 폭등했어요. 밀레의 〈만종〉(P.224)도 처음에는 헐값에 팔렸지만 세월이 흐르면서 가격이 급등합니다. 19세기 미술품 중 가격이 가장 가파르게 오른 대표 사례로 밀레의 〈만종〉을 손꼽을 정도이거든요.

교수님, 1860년 밀레가 〈만종〉을 팔았을 때 가격이 얼마인지 아세요. 불과 1,000 프랑입니다. 그런데 컬렉터와 화상들의 품을 전전하면서 그림 가격은 천정부지로 오릅니다. 프랑스 루브르 백화점 소유주인 알프레드 쇼사르가 미국에 빼앗긴 〈만종〉을 사올 때의 가격은 무려 80만 프랑에 이르렀어요. 그 사이에 밀레의 명성은 전설이 되었거든요. 쇼사르가 엄청난 돈을 지불하고 〈만종〉을 사들

장 프랑수아 밀레 | 〈만종〉

였을 때 프랑스인들은 기쁨의 눈물을 흘렸습니다. 〈만종〉은 프랑스인들이 가장 좋아하는 국민그림이었으니까요.

교수님, 이렇듯 박수근과 밀레는 국민화가이기에 그림값이 가장 비쌉니다. 생전의 가난을 사후에 보상받은 대표적 화가들인데요, 두 화가의 그림을 교수님께 소개하면서 새삼 돈이란 무엇인지에 대해 생각해보았습니다. 자, 경제학적 관점에서 돈을 설명해주세요.

"Money matters(돈이 문제로다)!"

평생 금융(돈)을 연구해 노벨 경제학상까지 받은 금세기 최고의 경제학자 밀튼 프리드먼M. Friedman의 유명한 말입니다. 예술 분야도 결국 돈이 문제로군요. 왜 그럴까요? 돈과 행복이 반드시 함께하는 것은 아니지만, 돈이 인간을 자유롭게 만들기 때문입니다. 아직까지 인류에게 돈처럼 많은 일을 가능하게 해주는 수단은 없지 않습니까. 비록 돈을 중시하지 않는 사람들조차도 돈이 주는 폭넓은 자유를 외면하진 못하지요. 돈이 없이는 요람에서 무덤까지 어느 한순간도 자유로워질 수 없고, 심지어 그리스 사람들은 죽은 이의 입에다 동전을 물려준다고 하니 저승으로 향하는 강을 건너면서까지 돈이 필요한 셈이로군요.

누구에게나 없어서는 안 될 돈. 하지만 버는 방법은 각양각색입니다. 예술가들뿐만 아니라 경제학자들의 경우에도 편차가 큽니다. 고전학파에 속하는 리카도는 대학에서 정규 교육도 제대로 받지 못했지만 영향력 있는 경제학자로 거부가 되었고, 케인스 역시 돈을 많이 벌어 귀족 가문의 전통을 잇는 데 성공했지요.

누구에게나 필요한 돈

반면, 몹시 가난했던 카를 마르크스는 자식들을 병원에 보내지 못하고 끝내 죽음을 지켜보면서 자본가를 저주해야 했으며, 베블렌이나 내쉬도 가난을 극복하지 못하고 쓸쓸하게 일생을 마감했습니다. 돈을 다루는 경제학자들도 이러한데 하물며 다른 직업은 더 말할 나위가 없겠지요.

〈빨래터〉 시절의 대한민국은 최빈국에서 벗어나지 못했지요. 경제 개발 계획이 처음 실시되던 1962년에는 1년간 국민 소득이 80달러 수준에 불과했으니, 너나 할 것 없이 호구지책糊口之策 마련에 정신이 없던 시절이었습니다. 나라 전체가 구호 물자에 의존하면서 다가오는 보릿고개를 걱정했지요. 당연히 가장 중요한 국가 목표는 빈곤 탈출이었습니다. 여성들의 머리카락까지 수출 상품으로 동원하던 시절이라니, 도통 상상조차 하기 힘든 가난이었던 셈이지요.

하지만 경제가 발전하려면 투자를 해야 하고, 투자를 하려면 저축된 자금이 필요합니다. 아무리 생각해도 최빈국에서는 기대하기 힘든 상황이지요. 그래서 저소득이 다시 저소득을 가져오는 빈곤의 악순환(vicious circle of poverty) 현상이 나타납니다. 이런 이유로 저개발국에서는 빈곤의 늪에서 쉽게 빠져나오지 못하고 오랫동안 저소득 상태에 머무는 침체 현상이 지속되는 것입니다.

다행히 우리나라는 1960년대 이후 역동적인 경제 발전을 이룩하여 현재는 엄연하게 중진국 대열에 올라서게 되었습니다. 불과 40년 만에 국민 소득이 2만 달러를 넘어설 정도로 고성장을 이룩한 것은 역사상 유례가 없는 사건입니다. 덕분에 모든 국민들의 절대 소득 수준이 크게 향상되었습니다.

그러나 모든 사람이 돈으로부터 자유롭고 행복해진 것은 아닙니다. 여론 조사 결과를 보면 체감 생활 수준은 크게 향상되지 않았고, 국민들의 행복감도 예전보다 달라진 게 없다고 느끼는 이들이 많기 때문이죠. 소득 수준의 향상으로 여인들이 '빨래터'를 찾을 일은 없어졌지만, 빨래터에서 수다를 떨며 일상의 스트레스를 해소하던 행복감은 사라져버린 때문일까요?

실제 경제 성장과 행복의 관계에는 '이스털린Easterlin의 역설'이 적용됩니다. '최저 생활 수준만 벗어나면 경제 성장은 개인의 행복이나 사회 후생의 증가에 기여하지 못한다'는 이론입니다. 우리나라도 이미 이런 상황에 놓인 것 같습니다. 국민 전체의 평균 소득이 4,000달러에서 1만 2,000달러로 증가하면 모든 국민의 절대 소득도 평균적으로 세 배 정도 늘어납니다. 그러나 일부 계층은 4,000달러 시절에 3,000달러를 벌다가 6,000달러를 버는 현 상황이 그렇게 만족스럽지 않을 겁니다. 남들과 비교한 상대적 위치가 하락했기 때문이지요. 절대 소득이 천천히 늘어나도 상대적 위치가 개선되면 비로소 자신의 후생이 증가하게 됩니다. 쉽게 말해 소득이 크게 늘어나지 않았어도 남들과 비교해 더 나아졌다면 행복을 느낄 수 있다는 것이죠. 성장 그 자체가 돈과 행복의 문제를 완전히 해결할 수 없음을 반증하는 좋은 예인 것입니다.

몇 해 전 아카데미상을 석권한 영화《아메리칸 뷰티American Beauty》역시 같은 문제를 다루고 있습니다. 미국의 장기 호황 이면에 숨은 중산층 가정의 불안과 두려움, 섹스와 마약 등으로 얼룩진 가족의 고통을 잘 묘사한 이 영화에서 물질적 풍요와 사업 성공의 강박감에 사로잡혀 업계 황제와 불륜까지도 서슴지 않는 캐롤린(아네트 베닝 분)의 일상을 통해 '미국적 비극'의 표상이 무엇인지 금방 실감할 수 있게 됩니다.

'경제가 성장한다'는 것은 희소한 자원을 가장 효율적으로 활용하면서 국민들에게 분배할 수 있는 빵의 크기를 늘리는 것입니다. 그러나 경제 성장으로 얻는 부의 증가가 항상 개인의 행복을 보장하고, 사회 후생을 증대시켜주는 것은 아니지요. 이에 대한 경제학자들의 답은 분명히 '예스'일 것이라 기대하겠지만, 실증적으로 분석해보면 반드시 그렇지만은 않습니다.

그렇다면 행복을 결정짓는 요인은 무엇일까요? 어쩌면 이는 경제학자가 고민해야 될 문제가 아닐 수도 있어요. 영국의 심리학자 로스웰은 오랜 연구 끝에 '행복지수' 계산식을 만들었답니다. 그에 따르면 행복이란 인생관과 적응력, 유연성을 나타내는 개인적 특성(P), 건강과 돈, 인간 관계 등을 말하는 생존 조건

(E), 그리고 자존심과 야망, 기대, 유머 등을 포함하는 고차원적인(?) 요소(H)에 의해 결정된다고 합니다. 쉽게 말해 돈은 많은 요소 중 하나에 불과하다는 것이죠. 이렇게 보면 돈과 같은 경제적 여건은 생존 조건(E)에는 영향을 미치지만, 행복을 결정하는 유일한 조건은 아닙니다.

그래도 여전히 돈은 다다익선이라고 생각하는 이들이 많습니다. 그러나 돈을 아무리 많이 벌어도 그 자체가 사람을 행복하게 만드는 포화점(saturation point)이 되지 않을 수 있습니다. 도대체 왜 물질적 풍요가 행복을 보장하지 못할까요? 그 이유는 레이야드Layard가 지적한 것처럼 대체로 두 가지입니다. 첫 번째는 사람들이 너무 쉽게 더 좋은 여건에 적응해버리기 때문입니다. 부채만 있을 때는 선풍기가 아쉬웠는데, 선풍기가 생기니 이번에는 에어컨이 없으면 불만이 생기는 것입니다. 두 번째 요인은 상대적 소득 수준입니다. '아무리 벌면 뭐 하나. 남들은 나보다 더 잘사는데······.' 이런 생각이 많은 사람들을 불행에 빠뜨립니다.

물질적 행복의 척도는 간단한 분수로 표시됩니다. 현재의 소유를 자신의 욕구로 나눈 값입니다. 아무리 자신이 소유한 것, 즉 분자가 늘어나도 분모인 욕심이 더 빨리 커지면 행복은 영원히 소원할 수밖에 없는 것이지요. "마음이 가난한 자에게 복이 있다"는 성경 말씀이 경제에서도 진리인 것 같습니다. 고상하게 돈을 벌어 분자를 크게 하고, 마음을 비워 아름답게 쓸 수 있다면 그 이상의 행복은 없을 듯합니다.

교수님의 행복론이 가슴에 깊이 와닿습니다. 하지만 현실적으로 한 국가의 힘이란 국민의 부에서 나옵니다. 과연 어떻게 하면 우리 모두 부자가 될 수 있을까요?

국민들을 부자로 만들려면 우선 나라가 부자가 되어야 하고, 세계적인 기업을 많이 가지고 있어야 하지요. 개인뿐 아니라 국가의 운명도 롤러코스터처럼 부침을 거듭합니다.

1960년대 우리보다 훨씬 잘살았던 필리핀이나, 제2차 세계대전 때까지도 세계 부국이었던 아르헨티나의 몰락, 최근의 영국을 앞서가는 아일랜드의 발전 등도 모두 대단한 변혁이 아닐 수 없습니다. 얼마 전 발표된 세계은행의 보고서에 따르면 역사상 지속적인 성장을 이룩한 국가들에는 몇 가지 공통적인 특성이 있다고 합니다.

우선 시장친화적인 제도를 유지하고, 정부가 일관된 정책을 실시하며, 개방을 했고 임금 상승을 뛰어넘는 생산성의 증가가 있었다는 것입니다. 또한 국민 정서가 기업을 존중하고, 기업 활동을 자유롭게 보장해주어야만 지속적인 성장이 가능하다고 합니다. 이것은 특별히 자금이 소요되는 사업이 아니기 때문에 독자적으로도 수행할 수 있는 것입니다.

커피의 가치화에 성공한 스타벅스 | 자료 제공 : 시공사 자료실

국민들을 부자로 만드는 또 하나의 조건은 경쟁력 있는 기업을 육성해 고용을 창출하는 것입니다. 그렇게 하려면 기업이 높은 부가 가치를 지속적으로 만들어내야 하는데, 대체로 기업이 돈을 버는 방법에도 공통점이 있습니다. 경제 발전 초기에는 자연 자원으로 경쟁력을 확보하고, 그 다음에는 노동력, 자본, 정보와 기술 등으로 변신해가지요. 산업의 흐름도 제조 단계에서 유통, A/S, 금융 등으로 지속적인 변신을 거듭합니다. 필요하면 수직 계열화나 인수 합병(M&A)도 서슴지 않지요. 유통 이야기가 나온 김에 조금 더 설명드릴까 합니다. 미술품만 유통 마진이 높은 것이 아니라 모든 제품의 경우가 유사해요. 그림 〈만종〉을 잘 보관하고 있다가 판매하는 사람이 엄청나게 이익을 챙기는 것이 시장의 현실인 것입니다. 한 가지 예로 판매 가격이 21달러인 컴퓨터 마우스의 제조 비용은 고작 3달러에 불과하고, 나머지는 유통 마진과 연구 개발 부문의 차지가 됩니다. 재주는 누가 넘고, 보상은 엉뚱한 곳에서 받는 꼴이지요. 최근 선진국 기업들은 부가 가치가 높은 부문으로 신속하게 이동하고 있습니다. 몇 시간만 일해도 온종일 일한 것보다 훨씬 더 많은 임금을 보장하는 셈이 됩니다. 결국 기업이 국민을 부자로 만드는 것이지요.

스타벅스를 보세요. 사무실도 집도 아닌 제3의 공간을 창조해 일도 하면서, 독서는 물론 친구와 얘기까지 나눌 수 있잖아요. 차별화를 통한 업그레이드로 커피를 '가치화'해 성공한 경우라고 할 수 있지요. 그곳에서는 비싼 커피도 어렵지 않게 잘 팔려나가잖아요.

이명옥 관장님, 제 이야기는 이쯤에서 끝내고 돈을 주제로 한 명화를 감상하면서 마음의 여유를 찾고 싶습니다.

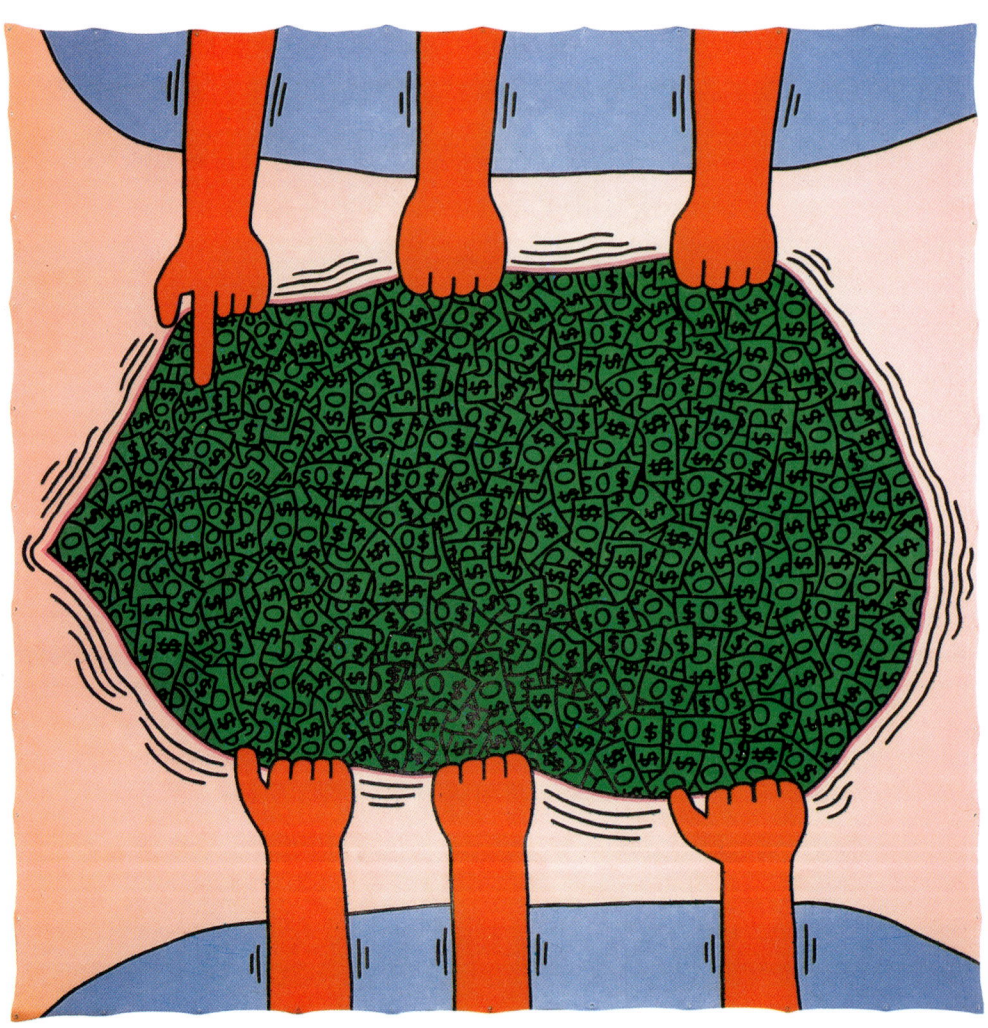

키스 해링 | 〈무제〉

네, 1990년 서른한 살의 젊은 나이로 요절한 미국 화가 키스 해링이 돈을 주제로 한 걸작을 남겼습니다.

　　사람의 뱃속에 돈이 가득 들었네요. 탐욕스런 손들은 남보다 먼저 돈을 차지하려고 메스처럼 복부를 절개합니다. 돈을 갖기 위해 인간의 뱃속을 휘젓는 손들은 돈을 밝히는 현대인들의 자화상이지요. 이 그림을 그린 키스 해링은 돈을 그림의 주제로 삼을 만큼 재테크에 관심이 많았어요. 그는 예술가답지 않게 사업 수완이 뛰어났어요. 1986년 뉴욕 맨해튼에 자신이 디자인한 포스터와 티셔츠 등 아트 상품을 파는 가게까지 열었으니까요. 강렬한 그래픽 양식에 화려한 색채, 상상력이 넘치는 해링의 아트 상품은 불티나듯 팔려나갔어요.

　　해링의 이름을 붙인 상품이 선풍적인 인기를 끌면서 사람들은 예술가의 이름도 상표가 될 수 있다는 사실을 깨닫게 됩니다. 해링은 예술을 상품화시킨 아트 마케팅의 선구자가 되었어요. 그러나 그가 마케팅에 치중한 것은 단순히 돈을 벌기 위한 것은 아니었어요. 해링은 대중들에게 예술을 알리고 소통하기 위해 아트 마케팅에 몰두했습니다. 실제로 그는 세상을 떠나기 전에 공익 재단을 설립해서 막대한 수익금을 자선 단체에 기부했어요. 예술의 순수성을 지키기 위해 돈을 멀리한 다른 예술가들과는 달리 아름답게 돈을 벌고 쓸 줄 아는 예술가적 재테크 방식을 보여준 것이지요.

　　교수님, 국내 미술 시장이 최대의 호황을 누린다지만 아직도 대부분의 미술가들은 작품을 팔아서 생계를 유지하기 어려운 실정입니다. 예술성만을 염두에 두면 배가 고프고, 시장의 논리에 따르자니 예술혼이 죽는다고 볼멘소리를 하는 미술가들이 많아요. 예술과 돈의 줄타기에 멀미가 난 미술가 중에는 아예 설치 미술이나 행위 미술, 대지 미술처럼 팔 수 없는 작품을 제작해서 돈벌이에 혈안이 된 미술품 투기꾼들에게 통쾌하게 한방 먹이기도 합니다. 아무래도 예술가에게 돈은 애증의 대상인 것 같습니다.

핵심 경제 용어

빈곤의 악순환(Vicious circle of poverty) : 저소득은 저소비와 투자의 감소를 유발하여 이것이 다시 빈곤을 가져오는 순환 과정을 의미한다. 즉 빈곤은 저축을 불가능하게 하고, 이것은 다시 투자 부족을 발생시킨다. 투자가 부족하면 생산을 증대시키기 어렵고, 따라서 고용과 소득이 늘어나지 않는다. 저개발국의 경우 이 악순환에서 쉽게 벗어날 수 없기 때문에 선진국으로의 진입이 그만큼 어려워지는 것이다.

이스털린의 역설(Easterlin's paradox) : 최저 생활 수준만 벗어나면 개인의 행복이나 사회적 후생 증가에 경제 성장이 기여하지 못한다는 이론이다. 이스털린의 연구 결과는 최근 자료에서도 뒷받침되고 있으며, 일정 수준 이상의 소득에서 행복은 절대 소득에 크게 좌우되지 않고 오히려 상대 소득이 더 중요하게 여겨지기 때문에 이 같은 현상이 발생한다.

기업 결합 : 2개 이상의 기업이 인수와 합병을 통해 결합하는 것으로서 수평 결합, 수직 결합, 복합 결합 등이 있다. 수평 결합은 동일한 재화 혹은 동일 산업의 기업 간 결합을 말한다. 운송비를 줄이거나 원재료의 공급을 원활히 하기 위해 이루어지는 경우가 많다. 수직 결합은 생산 단계가 서로 다른 기업 간의 결합을 말한다. 원료를 공급하는 기업과 최종재를 생산하는 기업과의 결합이나 최종재 생산 기업과 판매 전담 기업과의 합병이 여기에 해당된다.

작품 목록

1 황금보다 값비싼 파란색
〈영국 왕 리처드 2세를 위해 그려진 2폭 패널화〉 | 1395~1399 | 내셔널 갤러리, 런던
로렌초 디 크레디 | 〈수태고지〉 | 1495~1500 | 우피치 미술관, 이탈리아
에두아르 마네 | 〈배에서 그림을 그리는 모네〉 | 1874 | 캔버스에 유채 | 80×98 | 노이에 피나코테크, 뮌헨

2 미술품 가격과 수요 탄력성
마크 로스코 | 〈화이트 센터〉 | 1950 | 캔버스에 유채 | 205.8×141
김동유 | 〈마릴린 vs 마오 주석〉 | 2005 | 캔버스에 유채 | 130×162

3 패션 모자에 숨은 시장 원리
에드가 드가 | 〈모자 상점에서〉 | 1882 | 75.9×84.8 | 파스텔
카미유 피사로 | 〈퐁투아즈 시장〉 | 1895 | 캔버스에 유채 | 46.3×38.3 | 넬슨 에트킨스 미술관, 캔자스

4 교역의 시대를 증언한 초상화
한스 홀바인 | 〈게오르크 기체의 초상〉 | 1532 | 패널에 유채 | 96.3×85.7 | 국립미술관, 베를린
한스 홀바인 | 〈니콜라우스 크라처의 초상〉 | 1528 | 패널에 유채 | 83×67 | 루브르 박물관, 파리

5 미술품 투자의 달인 '곰의 가죽'
파블로 피카소 | 〈곡예사 가족〉 | 1905 | 캔버스에 유채 | 212.8×229.6 | 내셔널 갤러리, 워싱턴
앙리 마티스 | 〈처마 밑 화실〉 | 1902 | 캔버스에 유채 | 55.2×46 | 피츠 윌리엄 미술관, 케임브리지

6 사유 재산에 대한 애착을 반영한 초상화
토머스 게인즈버러 | 〈앤드루 부부〉 | 1748~1749 | 캔버스에 유채 | 1194×69.9
김윤보 | 〈소작료 납입〉 | 《풍속도첩》

7 부동산 투기 열풍이 투영된 풍경화
구스타브 카유보트 | 〈파리 거리, 어느 비 오는 날〉 | 1876~1877 | 캔버스에 유채 | 212×276.2 | 시카고 미술관
구스타브 카유보트 | 〈창가에 서 있는 젊은 남자〉 | 1876 | 캔버스에 유채 | 116.2×81 | 개인 소장

8 열차 그림을 통해 빈부 격차를 고발한 도미에

도미에 오노르 빅토렝 | 〈일등 열차〉 | 1864 | 수채 | 20.5×30 | 월트스 갤러리, 볼티모어
도미에 오노르 빅토렝 | 〈삼등 열차〉 | 1862년경 | 캔버스에 유채 | 64×89 | 메트로폴리탄 미술관, 뉴욕
김홍도 | 〈벼 타작〉 | 단원 풍속화첩 | 18세기 후반 | 지본담채 | 28×24 | 국립중앙박물관

9 정략 결혼의 경제학

윌리엄 호가스 | 〈정략결혼〉 | 1743 | 캔버스에 유채 | 내셔널 갤러리, 런던
윌리엄 호가스 | 〈결혼 직후〉 | 1743 | 캔버스에 유채 | 71×91.5 | 내셔널 갤러리, 런던

10 허영과 사치를 부추긴 왕실 초상화

이야생트 리고 | 〈루이 14세의 초상〉 | 1701 | 캔버스에 유채 | 277×194 | 루브르 박물관, 파리
루이스 비제 르브랭 | 〈마리 앙투아네트의 초상〉 | 캔버스에 유채 | 273×193.5 | 미술사미술관, 빈

11 튤립 정물화는 투기 파동의 산물

다니엘 세게르스 | 〈튤립 꽃병〉 | 1620년경 | 패널에 유채 | 76.5×29.5
암브로시우스 보스하르트 | 〈꽃병〉 | 1620년경 | 패널에 유채 | 66×51 | 알테피나코텍, 뮌헨

12 거리 마케팅의 원조, 포스터

툴루즈 로트레크 | 〈물랭 루즈의 라 귈르〉 | 1891 | 석판화 | 191×117 | 스탐페 베스타렐리 미술관, 밀라노
앤디 워홀 | 〈210개의 코크병〉 | 1962 | 캔버스에 실크스크린 | 406×508 | 개인 소장
앤디 워홀 | 〈브릴로, 델몬트, 하인즈 상자〉 | 1964 | 나무에 실크스크린 | 개인 소장

13 미술 교역의 산물, 고흐의 초상화

빈센트 반 고흐 | 〈탕기 영감〉 | 1887 | 캔버스에 유채 | 92×75 | 로댕 미술관, 파리
가쓰시카 호쿠사이 | 〈사원의 발코니에서〉(후지산 36경 중) | 1829~1833 | 다색 목판화
클라우드 모네 | 〈일본 전통 의상을 입은 카미유〉 | 1875 | 캔버스에 유채 | 231.6×142.3 | 보스턴 미술관

14 돈과 행복의 이중주

박수근 | 〈빨래터〉 | 1950년대 후반
장 프랑수아 밀레 | 〈만종〉 | 1858~1859 | 캔버스에 유채 | 55×66 | 오르세 미술관, 파리
키스 해링 | 〈무제〉 | 1985 | 캔버스에 아크릴릭 유채 | 302×294 | 개인 소장

맺는 글

어릴 적 숨은 그림 찾기가 먼 기억 속에 아련한데, 이제 다시 명화 속에 숨어 있는 경제를 찾아낼 줄 그 누가 알았겠는가. 여행을 가면 가장 먼저 갤러리를 찾을 정도로 그림을 좋아하는 것은 사실이지만, 어느 날 갑자기 그림 속에 숨은 경제를 찾아내는 주인공이 되는 일은 결코 쉽지 않았다. 술술 풀어쓴 명화 이야기에 딱딱한 경제 용어를 넣는 작업은 생각처럼 그렇게 매끄럽지만은 않았다. 빙탄불용氷炭不容이라고나 할까. 서로 어울리지 않을 것 같은 명화와 경제 이야기로 독자들이 당황할까 두려웠고, 때로는 유아독존唯我獨尊처럼 잘 보이지도 않는 것을 혼자서만 찾아 헤매는 것 같아 조바심도 많았다.

그러나 인간의 모습 속에서 아름다움을 찾는 것이 예술이고, 우리의 문화 속에서 풍요를 추구하는 학문이 경제학이기 때문에 둘의 화합은 부창부수夫唱婦隨처럼 마냥 자연스럽고 즐겁기만 했다. 일반인들이 무심코 넘긴 명화 속에 다양한 경제 현상이 생생히 녹아 있었고, 그 속에 숨겨진 잠재적 이미지에서도 경제는 살아 움직이고 있었다. 평범한 그림이 명품으로 재탄생하는 과정에도 경제는 그림자처럼 따라다녔고, 시대를 풍자하는 화가의 예리한 붓끝에서도 경제의 발걸음은 멈출 줄을 몰랐다.

이 책을 통해 아무리 경제를 멀리하는 사람도 한번쯤 명화 속에 숨어 있는 우리의 모습을, 조금 더 풍요로워지고자 하는 인간의 모습을, 물질적 여유를 통해 자유로워지고 싶어 하는 서민들의 모습을 읽을 수 있으리라 기대한다. 그러다 보면 어느새 명화 속에 담긴 삶의 모습들이 바로 풍요를 통해 자유롭고 싶어 하는 우리의 자화상임을 발견할 수 있을 것이다.

끝으로 명화에 얽힌 숱한 이야기들을 해박하게 들려준 이명옥 관장님께 고마움을 전한다. 어려운 여건 속에 많은 도움을 준 연구실의 강전은, 구지영, 안영빈, 주말마다 원고를 기꺼이 읽어준 지용민, 최지웅, 그리고 원고를 좀더 유익하게 만드는 데 큰 기여를 한 시공사의 전우석 과장에게도 감사한 마음을 표한다.

이제 집필 과정에 쌓였던 피로는 계절을 따라 곧 사라질 더위와 함께 말끔히 털어버리고, 멀리 있는 가족들과 한가로이 명화를 감상하며 그 속에 숨어 있는 경제 이야기를 나누었으면 좋겠다.

2007년 10월, 정갑영